I0121097

D'ICI ET D'AILLEURS

REGARDS CROISÉS
SUR L'IMMIGRATION

Tous droits réservés pour tout pays. © 2011, Les Éditions Perce-Neige.
Dépôt légal / Troisième trimestre 2011, BNQ et BNC.

Œuvre en page couverture : BURKE, Brian, *Agincourt*, huile sur toile, 122 x 152,5 cm, 2006.

Conception graphique : Jovette Cyr.

CATALOGAGE AVANT PUBLICATION DE BIBLIOTHÈQUE ET ARCHIVES CANADA

Belkhodja, Chedly
    D'ici et d'ailleurs : regards croisés sur l'immigration : essai / Chedly Belkhodja.

Comprend des réf. bibliogr. et un index.
ISBN 978-2-922992-98-4

    1. Émigration et immigration--Nouveau-Brunswick.
2. Acadiens--Nouveau-Brunswick. 3. Canadiens français--Nouveau-Brunswick. 4. Immigrants--Nouveau-Brunswick. I. Titre.

HB1990.N3B45 2011   304.8'7151   C2011-906216-X

DISTRIBUTION EN LIBRAIRIE AU QUÉBEC
Diffusion Prologue
1650, boulevard Lionel-Bertrand
Boisbriand (Qc) J7E 4H4

AILLEURS AU CANADA ET EN EUROPE
Les Éditions Perce-Neige   editionsperceneige.ca
22-140, rue Botsford   perceneige@nb.aibn.com
Moncton (N.-B.)   Tél. : (506) 383-4446
Canada E1C 4X4   Téléc. : (506) 852-3401

Conseil des Arts du Canada Canada Council for the Arts Patrimoine canadien Canadian Heritage New/Nouveau Brunswick

Nous reconnaissons l'appui financier du gouvernement du Canada par l'entremise du Fonds du livre du Canada (FLC).

La production des Éditions Perce-Neige est rendue possible grâce à la contribution financière du Conseil des Arts du Canada et de la Direction du développement des arts du Nouveau-Brunswick.

Ce livre est conforme à la nouvelle orthographe.
www.orthographe-recommandee.info

Chedly Belkhodja

D'ICI ET D'AILLEURS

REGARDS CROISÉS
SUR L'IMMIGRATION

Essai

LES ÉDITIONS PERCE-NEIGE

À ma lumière... نـور

INTRODUCTION

Au 4e Congrès mondial acadien de Caraquet, en 2009, une image assez forte a été celle de jeunes Africains francophones ouvrant le fameux tintamarre du 15 aout par un soleil éclatant. Au-delà d'un geste symbolique et devenu assez commun dans ce genre d'évènement patriotique carnavalesque, comme le défilé de la Saint-Jean Baptiste le 24 juin au Québec, cette présence a tout de même permis de rendre visible la réalité d'une récente immigration francophone au Nouveau-Brunswick. Certains y ont vu la révélation, une sorte de *comingout*, d'une nouvelle diversité culturelle en Acadie du Nouveau-Brunswick, tandis que d'autres ont tout simplement apprécié la touche plus exotique du spectacle. Qu'en est-il vraiment? Que se passe-t-il depuis quelques années au Nouveau-Brunswick?

Cet essai propose de réfléchir à un sujet important et complexe du nouveau siècle: l'immigration. À une époque où les gouvernements évoquent la nécessité de recourir à l'immigration, où de nombreux intervenants cherchent à s'approprier ce dossier, comme s'il peut devenir un remède instantané au développement économique et social, il est pertinent de mieux cerner la manière dont l'immigration est venue se greffer au projet acadien, notamment dans le discours de nombreux acteurs de la société acadienne du Nouveau-Brunswick. Comme nous le verrons, toutes sortes de raisons expliquent cet engouement pour le dossier de l'immigration, notamment sur le plan démographique, économique et culturel.

Deux interrogations guident ce travail. Une première consiste à se demander si, dans le contexte où «tout le monde souhaite avoir ses immigrants», l'enjeu de l'immigration ne se limite pas dans les discours à des préoccupations de plus en plus instrumentales, surtout à ce que peut «nous apporter l'immigration». On propose de recruter des travailleurs hautement qualifiés afin de combler des pénuries d'emploi, d'augmenter le poids démographique des petites provinces par l'immigration, de maintenir l'équilibre linguistique des communautés francophones en situation minoritaire, ou encore de permettre à des régions moins habituées à la diversité de s'épanouir davantage par cette présence culturelle venue d'ailleurs. On peut également dire que les migrants participent à ce jeu, espérant être « choisis » par les États. Une autre caractéristique intéressante de cette instrumentalisation est que l'immigration devient plus structurée, organisée, cadrée et harmonieuse. D'une part, il faut formater un nouveau type d'immigrant afin qu'il soit plus facilement intégrable à la société qui va l'accueillir. Cette manière de concevoir l'intégration va jusqu'à proposer tout un travail de préparation prémigratoire qui consiste à faire mieux cadrer l'immigrant désiré aux exigences de la société d'accueil, au point de parfois souhaiter à ce que les immigrés soient en quelque sorte déjà « intégrés » avant même de s'installer sur le territoire et pour pouvoir prétendre à s'y faire admettre. D'autre part, il faut rendre la société d'accueil plus « accueillante » par toutes sortes de stratégies et de programmes. La sensibilisation à la diversité fait le bonheur des nouveaux experts en formation « interculturelle ».

La seconde s'intéresse à la relation entre l'immigration francophone et l'identité acadienne, plus précisément à l'entrée en scène du thème de la diversité dans le paysage acadien. Devant ce que plusieurs sociologues ont analysé comme une étape « tardive » de l'histoire d'une société minoritaire ayant traversé différentes périodes de modernisation depuis les années 1960, l'Acadie du Nouveau-Brunswick serait devenue aujourd'hui une société plus épanouie sur le plan de son identité[1]. Certaines études évoquent même les aspirations de l'Acadie à devenir « postnationale » ou

---

1. Je me réfère ici à la chronologie sociohistorique des sociologues de l'Acadie, notamment Greg Allain, Isabelle McKee-Allain et Joseph-Yvon Thériault, « La société acadienne : lectures et conjonctures », dans *L'Acadie des Maritimes. Études thématiques des débuts à nos jours*, sous la dir. de Jean Daigle, Moncton, Chaire d'études acadiennes, Université de Moncton, 1993, p.341-384; Greg Allain et Isabelle McKee-Allain, « La société acadienne en l'an 2000 », dans *L'Acadie plurielle. Dynamiques identitaires collectives et développement au sein des réalités acadiennes*, sous la dir. d'André Magord, Maurice Basque et Amélie Giroux, Moncton, Centre d'études acadiennes, Institut d'études acadiennes et québécoises, Université de Poitiers, 2003, p. 535-565.

« postmoderne »[2]. Une caractéristique centrale de ce nouveau projet se dessine dans la manière dont la société acadienne évolue dans une double relation, soit son « ouverture sur le monde » et une redécouverte de ses particularités culturelles « acadiennes ». Pour ma part, j'ai toujours cru que cette évolution s'inscrit dans un ensemble plus large que la simple historiographie locale. La période tumultueuse de la fin de la Guerre froide, surtout les fameuses trois années 1989, 1990 et 1991, de la chute du mur de Berlin à l'effondrement de l'URSS et du bloc socialiste, provoque une façon d'éprouver le monde différemment du monde d'avant. Du réveil des nationalismes ethniques à la globalisation économique et technologique, les balises classiques du territoire et de la nation vont être mises à l'épreuve. On se rappelle surtout la dimension catastrophique de cette période avec des conflits ethniques et religieux, comme ceux en ex-Yougoslavie et au Rwanda[3], mais on se souvient beaucoup moins d'un bouillonnement des nouvelles identités diasporiques en quête d'une identité plus authentique et positive. Celtes, Bretons, Cadiens, Acadiens et d'autres illustrent bien la généralisation de ce thème de la diversité des cultures à l'âge de la mondialisation, des identités qui renouent avec un patrimoine culturel présenté à l'ensemble de la planète. En 1994, le premier Congrès mondial acadien, tenu dans le sud-est du Nouveau-Brunswick, a fait apparaitre au grand jour la réalité d'une Acadie « diasporique », d'une Acadie des réseaux et des identités, portée à légitimer une identité acadienne autour de l'évènement tragique du passé, soit la Déportation des Acadiens en 1755 et de la dispersion de descendants acadiens dans plusieurs régions du monde. Les congrès mondiaux acadiens deviennent le lieu de rencontre des familles acadiennes venues fêter les Retrouvailles en terre d'origine, le fameux *homeland*, mais également un espace beaucoup moins territorialisé et politisé[4].

---

2. Nicole Boudreau, *« E-cadie », Port Acadie*, vol. 3, 2002, p. 105-113.

3. À l'époque, de nombreux ouvrages constatent la fragmentation du monde, comme ceux de Robert D. Kaplan, *The Coming Anarchy*, New York, Vintage, 2000, et Micheal Ignatieff, *Blood and Belonging: Journeys into the New Nationalism,* New York, Penguin, 1994. Consulter également le dernier essai de Amin Maalouf, *Le dérèglement du monde*, Paris, Grasset, 2009.

4. Dans un texte publié avec mon collègue André Magord de l'Université de Poitiers, nous avons discuté des différentes interprétations à donner au thème de la diaspora acadienne. Voir André Magord et Chedly Belkhodja,

Avec l'immigration, il y aurait une sorte d'accentuation d'une diversité présentée comme une valeur ajoutée à toute société qui se veut encore plus ouverte et pluraliste. Là encore, le rapport à « l'Autre » est instrumentalisé vers une célébration de la différence dans un processus de diversification des identités et de promotion « touristique » des appartenances. Il y a quelque chose de prudent là-dedans, car la diversité vient augmenter le capital culturel d'une société, surtout si elle se vit sous la forme de la célébration et du divertissement. En revanche, le désir des nouveaux arrivants de prendre une plus grande place dans la vie quotidienne, d'obtenir un emploi à la hauteur de leurs compétences, et leur souhait de participer aux instances citoyennes place la société qui accueille devant le défi véritable de l'intégration. La posture plus revendicatrice de l'immigrant vient ternir l'image positive du partage des différences pour poser le débat autour de la question du pouvoir et de la façon dont une société accepte de modifier certaines manières de faire pour accorder une place à « l'Autre ». Là réside un grand défi pour un projet d'immigration francophone durable, c'est-à-dire celui d'établir un dialogue entre le migrant et sa nouvelle société d'accueil.

Cet essai se veut une réflexion sur l'importance que j'attache à la notion d'un lieu habité, à son existence et à son rapport à l'intégration de l'Autre et de sa différence dans le quotidien des choses. « Intégration » demeure ce mot miné, donnant parfois l'impression qu'il s'agit surtout de trouver les moyens de faire « fondre » les nouveaux arrivants dans les coutumes et usages de la société d'accueil, ou alors de constater l'échec de cette intégration. Ces dernières années, les politiques d'intégration développent beaucoup la notion de responsabilité de l'immigrant à s'intégrer à sa nouvelle société; on lui demande de passer des épreuves d'allégeance à la citoyenneté, de suivre les coutumes et les codes « nationaux », de faire preuve de solidarité. On responsabilise également la société d'accueil à faire preuve de plus d'ouverture à la diversité. Or, il ne faut pas oublier que ce processus de l'intégration doit signifier surtout ce qui peut se passer entre les deux communautés, dans un entredeux qui n'est pas toujours si facile à mesurer, d'où cette nécessité de savoir porter un

« L'Acadie diasporique », *Francophonies d'Amérique*, vol. 19, 2005, p. 45-54.

regard autre sur le lieu habité. On oublie parfois que le lieu peut tout simplement signifier un acte de résistance visant à construire ou à défendre un espace de vie de plus en plus menacé par une tendance à la mode qui nous invite à nous déposséder d'une chose encombrante : le territoire. Selon moi l'intérêt de réfléchir à l'immigration n'est-il pas alors cette possibilité d'une société de travailler autrement sa relation au territoire ? La société francophone du Nouveau-Brunswick est-elle véritablement prête à le faire ? Les immigrants le sont-ils aussi ?

***

Je propose une sorte de va-et-vient entre des travaux de recherche menés depuis une dizaine d'années sur ce thème et des observations personnelles, en passant par mon implication communautaire et ma trajectoire identitaire comme Acadien et immigrant de seconde génération. Il s'agit surtout d'un bilan critique, mais également d'un besoin d'écrire plus librement, sur un ton moins marqué par les contraintes du métier universitaire.

Dans ce sens, j'appuie ma réflexion sur d'autres expériences. La première rejoint une série d'implications dans des lieux politiques, associatifs et académiques qui m'ont permis de cerner cette nouvelle gestion de fait migratoire par des mécanismes de collaboration et de concertation communément appelés « gouvernance ». Cette idée bien positive de la gouvernance communautaire et académique, de cette relation à nouer entre universitaires et décideurs et d'une recherche pouvant appuyer l'élaboration des politiques publiques s'impose depuis quelques années comme un modèle à la fois attrayant et contraignant. En voulant dépasser le milieu parfois hermétique de la recherche, je voulais mieux comprendre ce qui se passe par rapport à l'élaboration des politiques et des stratégies dans le champ de l'immigration et y contribuer naïvement afin de nourrir le débat sans pour autant perdre de vue le rôle fondamental du chercheur universitaire qui interroge la réalité[5]. Plusieurs de ces

---

5. Cela doit être le rôle du « chercheur » : « Le rôle du sociologue est de formuler plus exactement les termes des alternatives, d'expliciter les contraintes qui pèsent sur les responsables et leur marge de liberté, d'évaluer les couts

lieux vont apparaitre dans ce livre afin d'illustrer certaines stratégies d'immigration, comme le cas de l'immigration francophone au
Nouveau-Brunswick et, au niveau fédéral, l'immigration en milieu
urbain et rural.

Mais encore plus que la recherche et l'implication, mon intérêt pour
la question s'explique par ma relation plus personnelle au sujet,
l'immigration faisant partie d'un parcours de vie, mon père ayant
décidé de quitter la Tunisie, de venir travailler à l'Université de
Moncton en 1969 et de déplacer la famille l'année suivante. Il y a
des choses intéressantes à dire par rapport à un vécu, mais il faut
savoir comment les dire pour leur donner une portée plus « sociologique »[6]. Il s'agit surtout de relater quelques souvenirs et images par rapport à la condition d'immigrant. Je pense à mes premières années à Moncton, à ce quartier de Maple Grove Village
(Coopérative l'Érablière) où vivaient la plupart des professeurs
étrangers recrutés par l'université, ou encore à ma première ren-
trée scolaire mouvementée à l'École Champlain[7]. Cette histoire
s'inscrit dans un rapport à l'intégration dans une petite ville marquée par cette relation ambigüe entre anglophones et francophones,
plaçant l'immigré francophone dans une situation bien particulière
de minoritaire au sein d'une minorité. Pour moi, l'immigration
signifie de nombreux souvenirs de nos voyages réguliers en Tunisie

---

sociaux et politiques des décisions prises, d'analyser les contradictions
entre des ambitions également souhaitables, de comparer les expériences
des pays proches, de relativiser les politiques selon la tradition propre à
toute entité politique, enfin d'inscrire les choix dans une histoire à la fois
nationale, européenne et même mondiale » Dominique Schnapper, *L'Europe
des immigrés*, Paris, François Bourin, 1992, p. 187.

6. Dans ce type d'exercice périlleux, de belles démonstrations, bien que
différentes par le ton, sont celles de Didier Éribon dans *Retour à Reims*, Paris,
Fayard, 2009 et de Victor Armony, *Le Québec expliqué aux immigrants*,
Montréal, VLB Éditeur, 2007.

7. Croyant bien faire à la française, ma mère nous avait habillés, mon frère
jumeau et moi, avec de beaux shorts suisses, chaussettes montantes et
petites chaussures bien cirées. Cet accoutrement n'est pas du tout passé
inaperçu dans une cour d'école de Moncton du début des années 1970.
Cette histoire fait toujours rire aux éclats mon ami d'enfance Gregoire
Landry.

et surtout aux passages des frontières, comme avec ce douanier très « britannique » de l'aéroport d'Halifax qui demande à mes parents d'ouvrir les valises et qui se trouve déstabilisé devant des fromages français chauds et coulants, des pots de miel et d'harissa berbère de Tunisie ; l'agressivité des employés du port de Marseille devant les pauvres migrants tunisiens entassés dans leur voiture avec famille et bazar sur le toit et leur façon de nous coller comme des mouches dans la cale surchauffée du traversier. Je me rappelle la fameuse expression péjorative du « bougnoule[8] », qui résonne encore ; enfin, l'arrivée au port de la Goulette après 24 heures en mer, une arrivée plongée dans l'anarchie surchauffée par le soleil plombant de juillet, et l'épreuve de la resquille pour passer encore une frontière et une autre fouille avant de retrouver le calme d'une maison près de la plage de Gammarth où nous attend un immense couscous. Cette maison surplombe la mer et au bas du mur, des jeunes s'y accotent les après-midis, profitant d'un endroit plus tranquille pour y boire des canettes de bière ou flirter, cachés du regard insistant des célibataires envieux. Certains passent des heures à fixer l'océan, surtout les bateaux qui vont vers l'Europe, Marseille et Gênes. Ils imaginent pouvoir passer cette frontière infranchissable pour se retrouver de l'autre côté, à quelques centaines de kilomètres.

Mes souvenirs font partie de trajectoires de nombreuses familles immigrantes. Ils peuvent paraitre assez banals, mais ils ajoutent une épaisseur au processus migratoire, ce qui manque au discours dominant de plus en plus aseptisé et distant en raison de sa logique gestionnaire. Ces histoires nouent un rapport différent à la question de l'identité[9]. Elles permettent d'explorer la dimension plus fictionnelle du sujet, de son histoire humaine réelle ou inventive, de sa complexité et sa conflictualité, d'où l'intérêt que j'attache à des supports comme le cinéma, la littérature, la musique[10]. Tout au

---

8. D'après Larousse, « bougnoule » est un mot ouolof qui signifie noir. C'est un terme populaire et raciste désignant un Magrébin, un Arabe.
9. Anne Muxel, *Individu et mémoire familial*, Paris, Nathan, 1996.
10. Je me réfère ici à ma propre expérience de réalisation en 2006 d'un documentaire produit par l'Office national du film sur la trajectoire de quelques étudiants internationaux à Moncton intitulé *Au bout du fil*, mais aussi à quelques lectures fort intéressantes, dont le collectif *Le chameau dans la*

long du texte, je souhaite intégrer des bouts d'histoires, comme des raccords ou des ficelles, afin de donner plus de signification au fait migratoire.

Enfin, ce livre, j'ai voulu l'écrire loin de l'Acadie, pour y voir plus clair, dans d'autres lieux, à Lisbonne, Genève, Groningen et Tunis. Ces villes viennent également illustrer des contextes et des débats bien particuliers autour de l'immigration et de la diversité. Je souligne, par exemple, l'attitude de modération et d'ouverture portugaise envers l'immigration, l'initiative contre la construction de minarets en Suisse, la remise en question du multiculturalisme aux Pays-Bas, le désir des jeunes Tunisiens de venir au Canada, pays rêvé comme un véritable Eldorado. Ces lieux permettent aussi de voir jusqu'à quel point le regard étranger perçoit de façon « positive » le modèle canadien, affiché partout comme le pays ayant réussi le pari de la diversité et de la tolérance.

Les cinq chapitres qui composent ce livre présentent le sujet de l'immigration par une problématique globale et par des éléments plus ciblés autour du thème de l'immigration francophone au Nouveau-Brunswick. Le premier chapitre propose une vue d'ensemble de la question, précisant quelques grandes lignes d'explication de l'immigration en ce début de 21e siècle. Le second chapitre introduit une dynamique assez récente, soit celle d'une nouvelle géographie de l'immigration : la régionalisation. Les chapitres suivants se présentent comme des études de cas situant certaines de mes recherches sur l'immigration, soit l'immigration au Nouveau-Brunswick, le recrutement plus ciblé des étudiants étrangers, l'Acadie et l'immigration francophone. En fin de parcours, je souhaite prendre une certaine distance dans le but de réfléchir à autre façon d'aborder l'immigration en tant qu'un projet de société à construire ensemble dans ce que j'appelle le lieu habité.

---

neige et autres récits de migrations, préface de Isabelle Rüf, postface de Spomenka Alvir, Lausanne, Éditions d'en bas, 2007.

Chapitre 1

UN NOUVEAU VISAGE À L'IMMIGRATION: LES GRANDES TENDANCES DU NOUVEAU SIÈCLE

Lorsque je pense à l'immigration, une idée revient souvent à mon esprit, soit celle d'un train qui traverse un vaste territoire. Image que je retrouve tous les jours devant mes yeux à ma table de travail dans une affiche de style soviétique arrachée d'un mur lors d'un séjour à Prague en 1991. On y voit un train qui se dirige vers une usine de charbon avec des travailleurs souriants agitant des petits drapeaux. Encore un train qui passe dans un beau film de Gilles Dufaux et Jacques Godboult intitulé : *Pour quelques arpents de neige*, réalisé en 1962. Ce documentaire présente le scénario classique de l'immigration canadienne des années 1960. Des immigrants européens débarquent dans le port d'Halifax, traversent la frontière de l'État national, qui se permet de palper la marchandise et de s'assurer que les plus performants passent la barrière. Italiens du sud, Allemands, Français se retrouvent ensuite assis dans un train en route vers Montréal. C'est l'hiver, les vitres sont blanches : le train ne fait que passer et durant ce trajet « initiatique », les immigrants se transforment, les chansons du pays résonnant étrangement. Le film se termine à leur arrivée au matin, comme si le travail d'assimilation s'était fait durant cette nuit et que ces « gentils immigrants » se fondaient tout simplement dans le tissu urbain. De nos jours, si nous devions refaire le trajet de l'immigration, il serait bien différent. On pourrait dire que le film ne serait plus du tout le même, les lieux de départ non plus et surtout l'intérêt des politiques a évolué, car tout au long du trajet, des mains tentent d'attraper des immigrants, de les attirer, de les inviter à choisir leur communauté. Cette observation se retrouve dans de nombreuses recherches : les immigrants se déplacent vers de nouvelles destinations tandis que les localités développent des stratégies en matière d'immigration autour des trois piliers sacrés que sont le recrutement, l'intégration et la rétention.

Dans le passé, un visage de l'immigration se résumait à l'immigrant démuni, fuyant une vie difficile dans le lieu d'origine pour refaire sa vie ailleurs, comme ces paysans kabyles qui quittaient le sol aride de l'Algérie pour devenir des ouvriers en France au début des années 1950. Grand spécialiste de la question de l'immigration, le sociologue Abdelmalek Sayad décrit de façon admirable et tragique cette épreuve initiatique par une « double absence » du pays, à la fois une déchirure de la terre et un isolement dans une société étrangère[1]. Comme le note Sayad, durant les années 1970, le regard porté sur l'objet « immigration » devient très ethnocentrique au point d'évacuer totalement la dimension de l'émigration, c'est-à-dire des effets produits dans la société de départ lorsqu'un émigrant décide de quitter son lieu de résidence. De nos jours, cette réalité ne fait que s'accentuer par des politiques de recrutement, d'intégration et de rétention, les sociétés d'accueil abordant la question de l'immigration à partir de leur préoccupation stricto nationale et moins par rapport à une lecture globale du processus migratoire. Chaque société se conçoit dans une logique d'immigration en jonglant avec les bienfaits, mais aussi avec les problèmes : la plus grande mobilité des individus, l'impératif démographique, le choix d'une immigration économique, la peur de l'envahissement par des populations étrangères, une préoccupation des sociétés d'accueil concernant l'occupation spatiale et sociale du territoire par de nouvelles cultures ethniques et religieuses, notamment par les populations musulmanes.

Phénomène véritablement global depuis les années 2000, l'immigration est un enjeu devenu à la mode, à la fois passionnant et inquiétant. L'immigration opère des changements profonds à

---

1. Dans l'ensemble de ses écrits, le sociologue algérien, proche de la démarche de Pierre Bourdieu, dévoile la parole et la condition de l'immigration algérienne en France. Son travail rend compte des trajectoires complètes du processus migratoire, soit les différentes étapes de l'émigration et de l'immigration. Dans le cas des Algériens en France, une première vague se caractérise par des hommes sans véritable attachement au pays d'accueil, une immigration de travail qui envisage le retour au pays, et par la suite les familles qui vont occuper l'espace français et poser de nouveaux enjeux sur le plan de l'intégration dans une société qui ne s'attendait pas à penser en terme de politique d'immigration. Voir Abdelmalek Sayad, *La double absence. Des illusions de l'émigré aux souffrances de l'immigré*. Paris, Seuil, 1999.

l'échelle mondiale, rapprochant les territoires, modifiant les populations en ce qui concerne l'âge, la langue, l'ethnicité, transformant l'identité des migrants et de la société d'accueil[2]. Migrants, étudiants, touristes, gens d'affaires sont au cœur des nouvelles dynamiques économiques, sociales et politiques des flux migratoires. Certains observateurs y voient une image très positive, voire euphorique et utopiste, d'un nouvel air du temps, nous présentant l'« Homme global », un être mobile, hybride et malléable qui peut se promener partout et rapidement. L'Homme global est le titre d'un essai de Pico Iyer qui fait l'apologie de ce monde où tout glisse plus facilement pour certaines catégories d'individus : métis, nomades, cosmopolites de tout genre[3]. On déambule dans des aéroports. On se lève ici pour se coucher là, dans la même chambre d'hôtel standardisée. On exprime le sentiment d'être partout et nulle part et surtout d'être fier de démontrer une non-appartenance au monde national. Même si elle a existé depuis des siècles et a pris des formes multiples, désirées ou forcées, la réalité du fait migratoire et surtout son accélération frappent les esprits en introduisant des expressions telles la mobilité et la circularité, à l'image de certaines catégories d'immigrants professionnels en constante mobilité.

Cette globalisation du processus migratoire donne également le sentiment de rendre cet enjeu plus proche de soi, c'est-à-dire de l'amplifier au plan émotionnel. Deux exemples d'actualité assez significatifs peuvent illustrer le propos que tout semble se passer plus près de nous aujourd'hui. En 2009, l'initiative populaire « contre la construction des minarets » en Suisse présente un cas de figure éclairant qui se situe dans un contexte assez similaire à d'autres évènements, dont la publication au Danemark des caricatures du prophète Mahomet, l'assassinat du cinéaste néerlandais Theo Van Gogh ou encore le débat autour des accommodements raisonnables au Québec.

---

2. Frank Düvell, « Migration, Minorities and Marginality: New Directions in Europe Migration Research », dans Chris Rumford (dir.), *The Sage Handbook of European Studies,* London, Sage, 2009, p. 328-346.
3. Pico Iyer, *L'Homme global*, Paris, Hoëbeke, 2006.

Le 29 novembre 2009, 57% de Suisses appuient cette initiative pilotée par un parti populiste de droite, l'Union pour la démocratie confédérale (UDC). Dans son histoire récente, la Suisse, par le recours à plusieurs initiatives, a questionné la présence de l'étranger sur son territoire, mais elle est toujours arrivée à un compromis politique entre les partis au pouvoir. Durant la campagne sur les minarets, on pousse plus loin en éveillant les peurs et les angoisses des nationaux autour de cette idée d'un islam conquérant qui exacerbe la différence. En fait, on souligne que les valeurs occidentales sont menacées par une islamisation des espaces de vie européens. Le minaret, comme la burqa en France, focalise le débat sur la pérennisation des populations musulmanes et le besoin de réaffirmer une identité nationale… d'une différence nationale à récupérer avant qu'il soit trop tard. En creusant davantage, on s'aperçoit que la Suisse n'a pas vraiment de problème avec son Islam. On recense 4 minarets et environ 200 salles de prière (caves, sous-sols et garages) dans le pays. Les immigrants musulmans proviennent surtout des Balkans (60%) et de la Turquie (20%), de pays à tradition séculière et moins rigoristes[4]. Cette affaire des minarets dévoile des lignes interprétatives nouvelles.

D'une part, le thème de la menace identitaire provoque de vives réactions par rapport à des enjeux distants, façonnés principalement par l'actualité internationale. Le sort des minorités religieuses chrétiennes persécutées au Liban, en Irak ou en Égypte, et le statut des femmes dans l'espace musulman, lapidées et mutilées, provoquent des réactions très localisées. Lors de la controverse des accommodements raisonnables au Québec, je me rappelle de l'apparition médiatique du conseiller municipal André Drouin, du village de Hérouxville, qui focalise ses craintes de l'immigration musulmane au Québec par une lecture globalisante d'une « déferlante islamiste » dans les chaumières québécoises. Par une diffusion médiatique vécue en temps direct et réel, l'évènement se généralise à des amalgames de tout genre… surtout pas cela chez-nous dans nos petites communautés homogènes !

---

4. Un petit ouvrage intéressant fait le point autour de cette affaire. Patrick Haenni et Stéphane Lathion (sous la dir.), *Les minarets de la discorde*, Genève, Infolio éditions, 2009.

D'autre part, un discours plus nationaliste et populiste articule les peurs et les angoisses des « citoyens ordinaires », et ce, au nom de ces gens qui ne se font pas souvent entendre dans le cirque médiatique. Ce discours conteste la manière de favoriser une identité cosmopolite au détriment du principe national. Cette idée de se fondre dans l'Homme global ferait disparaitre toute allusion aux choses essentielles de l'existence, soit une histoire, une fondation, un passé, mais surtout de rendre le citoyen « national » hors d'usage dans un climat poussant au métissage et à la diversité. Durant l'affaire des minarets, sur de nombreuses tribunes, Oskar Freysinger, député de l'UDC, « l'homme qui a stoppé les minarets », s'en est donné à cœur joie au nom de la population qui souhaite ne plus se faire dicter une conduite par des élites politiques distantes et des mouvements religieux « politico-militaires ».

Une autre réalité de l'immigration planétaire a été le tremblement de terre qui a secoué Haïti le 12 janvier 2010. Le drame haïtien va se dérouler devant nos yeux dans un rapport fort à l'émotivité qui nous touche, mais reste de courte durée. Une fois loin du regard médiatique, on passe à autre chose… Sur le coup, les autorités promettent beaucoup de choses, mais la réponse des gouvernements déçoit rapidement pour nous ramener à la banalité des questions administratives. La tragédie a surtout exposé les effets des catastrophes naturelles sur la mobilité humaine et la préoccupation des États, notamment les États-Unis, dans le cas haïtien, de contenir une nouvelle catégorie de migrants : les réfugiés environnementaux ou climatiques. Ce mot « contenir » fait référence à une pratique de politique étrangère américaine durant la guerre froide (1947-1989), celle du *containment* visant à freiner la menace soviétique. Depuis quelques années, cyclones, tremblements de terre, inondations, réchauffement de la planète, désertification, élévation du niveau des mers, se retrouvent dans les programmes des grandes conférences internationales sur l'immigration. On s'inquiète de la montée des eaux et des conséquences sur les populations vivant dans des pays comme le Bangladesh et les Philippines, et de la nécessité de penser de nouvelles stratégies d'accueil ou de réfléchir à la gestion d'une éventuelle « invasion ».

Quatre grandes tendances actuelles de l'immigration illustrent certains paradoxes à ces logiques globalisantes. Premièrement, l'immigration reflète bien la plus grande mobilité des personnes, mais pas de façon équitable. Deuxièmement, la valorisation d'une immigration économique de personnes hautement qualifiées domine largement le discours, excluant les autres catégories de migrants, mais ces immigrants qualifiés vivent de plus grandes difficultés sur le plan de leur intégration sur le marché du travail. Troisièmement, l'immigration se diversifie par de nouvelles provenances (Asie, Afrique, Amérique Latine), ce qui expose les sociétés occidentales à des processus nouveaux concernant l'allégeance citoyenne de ces populations immigrantes. Quatrièmement, aux niveaux national, supranational et local, la façon de gérer le dossier de l'immigration engage un nombre croissant d'acteurs : États, organisations internationales, ONG et associations de migrants.

Un accroissement de toutes les mobilités

Le terrain de l'immigration au 21e siècle se caractérise par la mobilité des personnes et la multiplication des statuts de séjour, aspects qui modifient sensiblement les pratiques de l'intégration sur un territoire donné. Nouvelles provenances, nouveaux passages, nouvelles catégories de migrants témoignent bien de cette généralisation de la mobilité à l'échelle planétaire. À l'âge de la globalisation humaine, l'essor des médias électroniques de communication, la réduction des distances et des faibles couts de déplacement par avion, la généralisation du passeport expliquent également cette généralisation de la mobilité. Pendant longtemps, le schéma migratoire se limite à une trajectoire du Sud vers le Nord. De nos jours, les regards se portent sur des mobilités entre des pays du Sud, dans des régions fortement marquées par les flux migratoires comme les pays du golfe Persique (travailleurs pakistanais, domestiques philippins) ou l'Europe de l'Est (Ukraine, Russie). Les déplacements se font également du Nord vers le Sud, surtout pour des personnes plus nanties qui désirent vivre leur retraite dans un climat plus doux comme celui de l'Algarve (Portugal) ou du Costa-Rica[5].

---

5. En 2009, le cas des retraités britanniques dans le sud du Portugal a fait l'objet de plusieurs reportages dans les médias qui ont rapporté des actes de cambriolage menés par des bandes criminelles issues de l'immigration des nouveaux pays admis en Europe. Roumains, Moldaves et Roms sont pointés du doigt.

Un autre phénomène migratoire de mobilité intéressant se dessine dans des régions de transit comme le Maghreb (Tunisie, Algérie et Maroc) où des migrants africains font le choix de s'installer provisoirement au lieu de tenter un passage risqué vers l'Europe. Des villes comme Tunis, Tripoli, Casablanca deviennent un espace de mobilité pour les migrants et les étudiants africains. En me promenant dans les rues du centre-ville de Tunis, j'ai pu observer cette présence subsaharienne assez différente de celle des Tunisiens du Sud, plus foncés, et considérés avec mépris par ceux du Nord.

Au-delà de ces nouvelles réalités démographiques et structurelles, la mobilité porte en elle un sens particulier que je définis par le principe de vouloir aller au-delà d'une représentation classique de l'intégration délimitée à un cadre précis, soit le territoire. Premièrement, la mobilité se conçoit de façon assez instrumentale, comme une commodité, surtout la mobilité « désirable » des migrants hautement qualifiés, permanents ou temporaires. Les États sont très friands de cette mobilité qui peut s'acheter comme un produit de luxe. En revanche, une autre mobilité existe, mais celle-ci dérange. On la gère en tant qu'un problème ou une menace, souhaitant la restreindre, voire la reconduire à la frontière[6]. Deuxièmement, une sociologie de la mobilité très en vogue nous invite à nous passer du territoire, à le rendre désuet devant des mobilités variées, temporaires, circulaires. On entre ici pour sortir là et pour y revenir rapidement, telles des marchandises se déplaçant entre Paris et Alger ou Bombay et Londres[7]. Le trajet du point A vers le point B et d'un retour à la case de départ à la fin de sa vie faiblit devant l'importance que prend l'immigration

---

6. Il faut voir comment les médias présentent le dossier de l'immigration clandestine, telle une menace à la société. On l'a vu tout récemment avec les demandeurs d'asile tamouls. Il y a quelques années, une histoire m'a particulièrement frappé lorsque le réseau de l'information RDI me demande de commenter à chaud une actualité qui ne s'était pas encore déroulée... On évoque la possibilité qu'un navire se dirigeant vers Halifax ait à son bord des clandestins roumains. Un véritable cirque médiatique se produit pour finalement aboutir à un non-évènement, car aucun clandestin ne se trouvait à bord.

7. Arjun Appadurai, *Après le colonialisme. Les conséquences culturelles de la globalisation*, Paris, Payot, 2001.

circulaire, formule constamment employée par les chercheurs et décideurs. Dans cette logique, l'expression du *win-win-win* illustre bien le principe que tout le monde doit y trouver son compte, la société d'accueil avec une main-d'œuvre qualifiée, la société de départ qui profite des capitaux investis par les migrants, les immigrants, eux-mêmes, devenant les représentants emblématiques de la mobilité[8]. Enfin, une certaine mobilité est valorisée de plus en plus comme un processus d'individualisation, c'est-à-dire la capacité pour l'individu de se faire l'acteur de sa propre histoire, de rendre sa trajectoire « fluide » et personnelle. Cette vision très néolibérale remet en question les schémas traditionnels de l'intégration, notamment le rôle des gouvernements, car le migrant économique tend à devenir en quelque sorte un entrepreneur de sa propre employabilité.

De profondes inégalités caractérisent cependant la manière dont les individus bougent, les plaçant ainsi à risque. Le migrant professionnel se déplace plus librement dans un espace favorisant une mobilité fluide et feutrée, dans une sorte de corridor économique à l'image de ces gens d'affaires qui prennent régulièrement le train Eurostar pour traverser la Manche afin de se rendre vers la haute finance de Londres. Une fausse illusion consiste à croire que la mobilité serait réduite pour les autres, les empêchant de sortir de chez soi pour en faire des êtres fixes. Au contraire, les moins qualifiés, les clandestins, les illégaux, les sans-papiers se lancent également sans protection dans cette aventure du déplacement, car encouragés à le faire pour toutes sortes de raisons, surtout le gain économique personnel et la survie de leur famille. Toute une industrie du passage clandestin se constitue, du passeur au griot qui s'assure que les esprits facilitent le passage. Pour ce migrant, la circulation va alors consister en un parcours périlleux, semé d'embuches et d'histoires tragiques. Sous l'emprise de réseaux mafieux et criminels, ils font malheureusement l'objet de violences et de sévices, notamment les femmes sujettes à la prostitution comme moyen de passage et au viol par les passeurs[9].

---

8. Steven Vertovec, « Circular Migration: the way foward in global policy? », Working Paper no 4, International Migration Institute, University of Oxford, 2007.
9. Laurence Roulleau-Berger, *Migrer au féminin*, Paris, Presses universitaires de France, 2010.

Depuis quelques années, une riche production littéraire et filmique explore ce sujet. Des romans comme *Eldorado* et *Tea Bag* de Laurent Gaudé et de Henning Mankell racontent cet univers qui pousse des individus à la mobilité et qui les marque de blessures tout au long de leur trajet. Dans le film de Philippe Lioret, intitulé *Welcome,* un jeune clandestin afghan est coincé du côté français de la Manche, face à la Grande-Bretagne, et prêt à traverser à la nage afin de retrouver un amour d'enfance à Londres. Les créations littéraires et filmiques ont cette puissance de raconter des récits tragiquement proches de la réalité, et surtout d'illustrer des destins douloureux et des aspirations à tout quitter pour l'Europe « Eldorado », l'Europe « Candyland ».

En janvier 2009, j'ai moi-même assisté à une situation assez semblable en Tunisie lorsque la garde côtière a fait son apparition un matin, en face de notre maison, pour sillonner les eaux. La veille, un peu plus au nord, de grandes chaloupes quittent la nuit afin de tenter un passage risqué vers l'île italienne de Lampadusa. Une chaloupe se renverse au large de la plage Raouad et des corps apparaissent le long des plages de la banlieue nord de Tunis. La police fera vite pour effacer ces traces, car les joggeurs du matin pourraient faire de mauvaises surprises. La Tunisie souhaite aussi maintenir de bonnes relations avec l'Europe et devient ainsi une frontière pour celle-ci en retour de subventions et autres avantages sécuritaires. La situation a drôlement évolué depuis le « printemps des peuples arabes »[10]. La fin du régime de Zine el-Abedine Ben Ali, le 14 janvier 2011, profite aux passeurs de migrants clandestins qui travaillent le long des côtes tunisiennes et libyennes. En l'espace de quelques jours, des milliers de jeunes Tunisiens se retrouvent de l'autre côté, en Italie. Devant la peur de l'envahissement du Sud, la France et l'Italie ont évoqué la suspension temporaire des accords de Schengen sur la libre circulation dans l'espace européen pour cette catégorie de migrants indésirables.

---

10. Abdelwahab Meddeb, *Printemps de Tunis. La métamorphose de l'Histoire*, Paris, Albin Michel, 2011.

Immigration choisie et non subie

De nos jours, la nouvelle règle en matière d'immigration est celle d'un retour à une immigration de travail, plus précisément d'un recrutement de travailleurs hautement qualifiés pouvant dynamiser les économies nationales. Une rhétorique économique et instrumentale monopolise l'ensemble des discours de l'immigration. Le scénario consiste à intensifier les stratégies de recrutement de certaines professions dites désirables, comme celles de médecins, ingénieurs, informaticiens et concepteurs de nouvelles technologies. Les autres catégories, immigration familiale, réfugiés et demandeurs d'asile, ne font pas vraiment partie de l'équation. On les présente plutôt comme un fardeau à assumer pour l'État national. Les mots magiques sont l'agressivité et l'innovation en matière de recrutement des *best and brightest* sur le marché de l'immigration. De nos jours, aller à la pêche des talents ne provoque pas tellement de réactions. Dans cette optique, qui ne fait que s'intensifier, il faut pousser la logique le plus loin possible, jusqu'à développer des centres de formation dans les pays du Sud dont l'objectif est d'augmenter la capacité de nouveaux candidats à la mobilité, comme des barges qui flottent près de certains pays fournisseurs[11]. Lors de la dernière conférence nationale du réseau de recherche Métropolis, la ministre de l'Immigration et des Communautés, Yolande James, déclarait sans aucune gêne que l'intégration doit commencer avant l'arrivée des immigrants au Québec. Dans ce climat, des pays comme le Canada, l'Australie et la Grande-Bretagne se font compétition, car ils connaissent des réalités assez comparables et des défis démographiques et économiques similaires.

De nombreux pays proposent de calibrer leurs immigrants à des besoins économiques et regardent du côté du Canada comme le modèle idéal à suivre. La France de Nicolas Sarkozy, par exemple, évoque souvent le modèle d'une immigration choisie en faisant référence au Canada et au cas québécois. Ce pays, comme les autres en Europe, ne réagit pas cependant de la même manière à l'immigration, se trouvant confronté à des enjeux plus conflictuels,

---

11. Ronald Skeldon, « Immigration Futures », *Canadian Diversity*, vol. 6, no. 3, 2008, p.12-17.

notamment l'immigration clandestine, les demandes d'asile, la proximité des pays d'émigration venant du Sud. Dans l'imaginaire politique et médiatique européen, le sentiment qui existe encore est cette représentation d'une Europe assiégée et menacée sur le plan identitaire par la présence des étrangers et d'un certain réconfort à considérer l'immigration de façon temporaire, à court terme, avec cette idée du retour possible. Une exception serait la Suisse qui se rapproche du modèle historique de « pays d'immigration », mais en fixant l'immigrant dans une situation d'étranger à très long terme. En revanche, des pays comme le Canada, les États-Unis et l'Australie projettent une image plus harmonieuse de l'immigration, car celle-ci fait partie intégrante d'un processus historique de construction de la nation. Dans ces sociétés, le recrutement d'immigrants se présente comme une solution pragmatique à des besoins économiques et démographiques. Une telle pratique fait que ces pays s'inscrivent plus facilement dans la tendance à vouloir attirer une immigration qualifiée pouvant subvenir aux besoins de main-d'œuvre.

Au cours du 20e siècle, le Canada a mis en place des mesures sélectives qui visaient à faire le tri parmi les nombreux immigrants venant au pays. Comme le beau titre de l'ouvrage de l'historien Martin Pâquet l'indique, il fallait « Tracer les marges de la cité » en excluant certaines catégories d'individus : les non-Européens, les criminels, les handicapés, les malades[12]. En 1967, le Canada modifie sa politique d'immigration en enlevant les critères raciaux de sélection et en adoptant un système universel à point dans le but de sélectionner des immigrants économiques pour les besoins du marché de l'emploi[13]. Dans le contexte d'une économie du savoir, le Canada révise en 2002 sa politique vers une approche qui consiste à valoriser le capital humain de l'immigrant, soit sa capacité à fonctionner rapidement dans l'économie. Ce modèle permet au

12. Martin Pâquet, *Tracer les marges de la cité. Étranger, Immigrant et État au Québec 1627-1981*, Montréal, Boréal, 2005.
13. Le candidat doit accumuler un certain nombre de points, soit 67 sur un total de 100. Les critères sont les suivants : niveau d'éducation (25 points), capacités linguistiques (24 points), expérience de travail (21 points), âge (10 points), relations de travail (10 points), capacité de bien s'adapter à la société canadienne (10 points).

Canada d'accueillir le plus grand nombre d'immigrants par personne au monde, mais il fait l'objet de certaines critiques depuis quelques années, notamment celle de ne pas être en mesure d'intégrer rapidement ces nouveaux arrivants au marché du travail. Le processus de déqualification professionnelle des récents immigrés au Canada constitue la faille la plus sérieuse du système canadien. Au-delà de la difficulté à faire reconnaitre leurs diplômes et expériences professionnelles, la situation actuelle peut s'expliquer par le fait que les immigrants qualifiés que le Canada sélectionne reflètent une autre évolution importante des flux migratoires contemporains, à savoir la diversification des populations issues de l'immigration.

Une immigration plus diversifiée

Depuis les années 1990, selon un rapport publié par l'ONU en 2005, la planète migratoire se diversifie. Les immigrants sont plus nombreux, mais aussi plus étrangers. Ils viennent dorénavant de pays extraeuropéens. Les chiffres sont assez saisissants dans certains cas, comme en Suisse, au Canada, en Australie, mais également des pays comme le Qatar, le Koweït et Singapour. Cette mutation s'observe surtout dans des métropoles telles Toronto, Sydney et Londres, où la diversité est très présente. Il suffit de passer du temps à l'aéroport Pearson de Toronto pour remarquer que cette ville est maintenant habitée par près de 50 % de Canadiens nés à l'étranger.

Au Canada comme ailleurs, le processus en cours a débuté vers le début des années 1990 lorsqu'un virage asiatique et indien modifie la provenance des nouveaux arrivants. Pendant longtemps, les pays de destination en tête du peloton proviennent d'un univers de similarité anglo-saxon (États-Unis et Grande-Bretagne). L'immigrant est blanc, anglophone et chrétien (WASP), donc plus facilement assimilable. Parfois apparaissent des pays différents comme la Pologne et le Vietnam, ce qui s'explique par la conjoncture internationale du moment et par la politique humanitaire du Canada. Les provenances actuelles montrent un tout autre tableau avec une constante immigration des pays suivants : Chine, Philippines, Corée du Sud, Inde et Pakistan. La seule province qui se distingue est le Québec en raison de sa politique d'immigration plus « francophone », mais également en processus de diversification par la provenance des immigrants des pays arabophones et africains.

Devenue une terre d'immigration malgré elle, l'Europe se diversifie principalement en raison de son agrandissement vers l'Est. Depuis 2004, elle connait un essor phénoménal d'une immigration de travail en provenance des pays de l'ancien bloc communiste, nouveaux États membres de la communauté européenne, comme l'a illustré de façon caricaturale l'arrivée des « plombiers polonais » dans plusieurs pays d'Europe de l'Ouest.

Devant la diversité des migrations, des défis nouveaux se posent en ce qui concerne l'intégration économique et identitaire de ces nouvelles populations. Le cas canadien constitue un exemple frappant de la difficulté à intégrer économiquement des immigrants plus qualifiés, mais culturellement diversifiés. Pendant longtemps, les choses se font plus facilement, car l'immigration économique provient de pays semblables (Grande-Bretagne, Irlande, États-Unis, Australie et Nouvelle-Zélande). La situation se complique pour les candidats venant de pays plus « exotiques ». Un dossier préoccupant est celui de la reconnaissance des acquis et des compétences, car les immigrants récents issus des minorités visibles connaissent, dès leur arrivée, un processus de déqualification rapide (la fameuse histoire du chauffeur de taxi diplômé qui vous prend à l'aéroport). C'est un drôle de paradoxe de désirer les meilleurs immigrants, les médecins, les ingénieurs, et de constater que ces derniers n'arrivent pas à pratiquer leur métier et qu'ils doivent jongler avec toutes sortes de situations pour espérer y arriver au bout d'un parcours de combattant.

Des chiffres récents de Statistiques Canada indiquent que de 1970 à 2005, les immigrants noirs et magrébins installés dans les villes de Toronto et Montréal ont connu une détérioration de leur niveau de vie par rapport aux natifs canadiens et aux anciennes cohortes d'immigrants. La ville de Vancouver se distingue des deux autres par son immigration asiatique plus aisée économiquement, ce qui fait dire à un chercheur de l'Université Simon Fraser, Krishna Pandahur, que l'argent efface les différences et diminue la polarisation entre l'immigrant et le natif[14]. En revanche, les populations

---

14. Il suffit de prendre l'exemple de l'engouement des populations immigrantes pour les Canucks de Vancouver en finale de la coupe Stanley 2011. Dans un sport toujours taillé pour l'homme blanc, cette équipe a su capter, comme

magrébines vivant à Montréal éprouvent les plus grandes difficultés d'intégration, notamment au niveau de l'emploi et de l'accès au logement. Cela est assez consternant lorsqu'on tient compte du haut niveau de scolarisation de ces immigrants ayant choisi le Québec. Après le 11 septembre 2001, le sentiment d'exclusion et de stigmatisation va aussi augmenter chez cette population, notamment chez les jeunes de la seconde génération.

Un autre effet de la diversité se remarque par l'intensité que prend le débat politique autour des enjeux de citoyenneté et d'identité nationale. Le vieux continent vit cela différemment de la société canadienne, car l'immigration de masse parait comme un enjeu plus politisé en Europe dû à la confrontation idéologique entre les partis de droite et de gauche. Il faut également noter que dans ces pays, des formations populistes et extrémistes de droite bien implantées depuis les années 1980 (Front national en France, Vlaams Blok en Belgique flamande, Parti de la Liberté en Autriche, Ligue lombarde en Italie, Parti du Progrès en Norvège) ont alimenté le feu par un discours antiimmigration. Un doute s'installe quant à la capacité des sociétés à faire une place à l'immigration. Au risque de perdre leur appui, les partis traditionnels ont donc été obligés de canaliser ce thème. Au Canada, l'immigration ne fait pas vraiment l'objet de discorde entre les principaux partis politiques. Durant les campagnes électorales, la question se discute rarement, et le cas échéant, c'est tout simplement pour courtiser un électorat ethnique grandissant. Une critique plus extrémiste des politiques d'immigration existe, mais celle-ci reste confinée à la marge du système politique.

Une préoccupation récente fait néanmoins son apparition un peu partout dans nos sociétés démocratiques. Questionner le modèle de citoyenneté en place et considérer le besoin de resserrer les choses autour de valeurs communes devient une pratique courante. Plusieurs observateurs considèrent que les politiques du multiculturalisme et de diversité sont allées trop loin en acceptant les valeurs et coutumes des nouveaux arrivants sans pour autant défendre les bases d'une identité commune. Un langage plus nationaliste demande

---

nulle autre dans la Ligue nationale de hockey (NHL), la nouvelle diversité asiatique et indienne de la côte ouest.

alors à l'immigrant de se constituer en tant qu'individu responsable et de mieux cadrer avec la société qui l'accueille. Son intégration va se mesurer par un apport rapide à la vie économique en tant qu'un consommateur-client et par sa capacité à adopter les valeurs de la société d'accueil, soit des valeurs communes et une certaine manière de vivre qui cadre avec les usages de la majorité. Selon moi, l'expression du partage des différences exprime bien le climat actuel qui dit encore respecter la différence, mais en y ajoutant la nécessité du partage pour éviter une fragmentation des identités. Cette expression fait son apparition dans la réaction du gouvernement de Tony Blair à la suite des attentats terroristes de Londres en juillet 2005. Dans un contexte de remise en question du modèle multiculturel britannique, le gouvernement travailliste insiste sur une conception plus restrictive et resserrée de la citoyenneté. Tout ce scénario se joue sur un fond qui expose des lignes de fracture et des opinions nationales fragilisées par des évènements bien médiatisés : les violences urbaines dans les banlieues françaises en 2005 et britanniques en 2011, les affrontements entre blancs australiens et jeunes libanais dans le quartier de Cronulla à Sydney; la situation aux Pays-Bas après le meurtre du cinéaste Théo Van Gogh par un jeune d'origine marocaine; les attentats de Madrid (2004) et de Londres (2006), les caricatures du Prophète Mahomet au Danemark; les émeutes de Montréal-Nord (2008). Dans plusieurs pays industrialisés, notamment l'Australie, la Grande-Bretagne, la France, les Pays-Bas et l'Allemagne, ces nouvelles valeurs sont devenues des politiques, notamment des mesures plus vigoureuses sur le plan de l'acquisition de la langue nationale, la connaissance des valeurs de la société d'accueil, des codes de bonne conduite pour les immigrés et des examens de citoyenneté ou contrats d'intégration.

La société canadienne n'échappe pas à ce climat identitaire. À la suite des évènements du 11 septembre 2001, des intellectuels et des journalistes expriment un point de vue où apparait cette soi-disant nécessité de recadrer les droits et les devoirs des citoyens dans un contexte de sécurité nationale et de questionnement identitaire. Pendant l'été 2006, cette impression se propage dans les médias anglophones en réaction au conflit israélo-libanais où de nombreux Canadiens d'origine libanaise ayant la double citoyenneté ont demandé à être rapatriés au Canada aux frais du gouvernement fédéral. Pour certains journalistes, ces individus, en choisissant de vivre une partie de l'année dans leur pays d'origine, ne peuvent profiter du système canadien et doivent affirmer plus clairement leur attachement à la citoyenneté canadienne[15]. En 2006, la controverse « des accommodements raisonnables » au Québec va faire irruption dans un climat politique assez similaire, car l'affaire se déroule comme un feuilleton mettant en péril les fondements de la société libérale québécoise par des « demandes déraisonnables » des communautés ethnoculturelles.

Enfin, l'intégration des populations immigrantes musulmanes devient l'enjeu le plus préoccupant pour la plupart des sociétés occidentales en raison de l'importante présence démographique de ces populations (environ 20 millions en Europe, soit 5 millions en France, 4 millions en Allemagne, 2 millions en Grande-Bretagne dont un million à Londres) et de la proximité avec les pays du Maghreb (Maroc, Algérie, Tunisie)[16]. Durant les années 1950 et 1960, la problématique du religieux ne se pose vraiment pas, car l'immigrant venant du Maghreb ne se présente pas sous les signes du musulman pratiquant et visible, mais plutôt en tant qu'un ouvrier plutôt sympathique aux idéaux du prolétariat. Son attitude change lorsque l'immigration des familles se produit et que l'arrivée des épouses modifie le rythme de vie en terre étrangère[17]. La situation évolue encore à la fin des années 1970 en raison de l'apparition d'un islam plus politique et revendicateur comme en témoigne l'activisme des Frères musulmans en Égypte, la révolution iranienne de 1979 et l'irruption de mouvements islamistes au Maghreb. Les attentats du 11 septembre 2001 marquent l'aboutissement d'un réveil de l'Occident à une présence musulmane.

---

15. Andrew Cohen, *The Unfinished Canadian. The People We Are*, Toronto, McClelland & Stewart, 2007.
16. Christopher Caldwell, *Reflections on the Revolution in Europe. Immigration, Islam and the West*, London, Doubleday, 2009.
17. *Inch'Allah Dimanche* de Yasmina Benguigui (2001) est un film touchant qui présente la dure réalité de la réunification familiale, celle des femmes algériennes déplacées en France avec leurs enfants, avec « la belle-mère » qui prend le contrôle de l'espace privé. Le film montre bien l'isolement ou l'absence de la jeune femme algérienne en France, séquestrée à domicile pour échapper au regard des hommes.

La présence d'un Islam européen fait l'objet de plusieurs discours alarmistes, soulignant les risques d'une islamisation des espaces de vie et une forte incompatibilité entre les valeurs occidentales universelles et les préceptes religieux musulmans communautaires et plus intransigeants[18]. En fait, on accentue l'idée que la diversité religieuse constitue une menace à la possibilité d'envisager la neutralité des cultures, car le débat serait plus agressif, sans possibilité de terrain d'entente entre des identités exaltées et conflictuelles. Comme on a pu le voir avec le débat sur le port du voile intégral, la burqa et le niqab, dans ce jeu, les positions se radicalisent. Au Canada, surtout anglophone, la situation me semble différente, car, dans le contexte nord-américain, la religiosité constitue une valeur centrale et acceptée par la grande majorité des gens. Un Américain réagit plus agressivement à l'athéisme qu'au fait religieux, même musulman[19]. En fait, la menace islamique se voit principalement de la figure du terrorisme, surtout le fameux *homegrown terrorist* qui représente une expression politique radicale et violente pouvant menacer la sécurité du territoire.

Gouvernance et nouvelle gestion de l'immigration

De nos jours, les relations entre les mobilités migratoires et les politiques d'intégration me semblent devenir un enjeu préoccupant. Cela peut paraître d'une évidence déroutante, mais cela n'est pas toujours si clair dans le contexte actuel. Dans une tradition anglo-saxonne, l'intégration des immigrants a toujours été liée au monde des associations opérant selon une approche caritative envers les plus démunis. Les gouvernements distribuent les ressources tandis que le milieu associatif fait le travail de l'accueil et de l'établissement. En revanche, l'Europe continentale a quelque peu négligé cette dimension, mais,

---

18. Ian Buruma, *Taming the Gods. Religion and Democracy on Three Continents*, Princeton, Princeton University Press, 2010.
19. Il faut dire que les choses évoluent rapidement. En septembre 2010, de nombreux Américains ont réagi de façon passionnée au projet de bâtir un centre islamique près du lieu des attentats du 11 septembre. Même scénario au Canada avec un débat autour de l'édification d'une mosquée et d'un centre culturel à Montréal. Les opposants questionnent surtout la provenance des fonds et les intentions des promoteurs islamiques.

étant devenue une terre d'accueil, elle ajuste ses politiques à des réalités changeantes. D'une part, le scénario du retour de l'immigrant au pays d'origine ne tient plus la route étant donné que ce dernier fait un choix de vie dans la société d'accueil. D'autre part, dans un climat de mobilité accrue et d'incertitudes identitaires, la nécessité de mieux formuler des politiques d'intégration semble évidente, car sans une « certaine » intégration, la mobilité constitue un enjeu à risque. Un exemple extrême et embarrassant pour le gouvernement italien, qui a fait la manchette en Europe à l'hiver 2009, a été la situation désespérée d'immigrants temporaires, travailleurs saisonniers agricoles, Africains et Magrébins, abandonnés à eux-mêmes dans le sud de l'Italie et à la merci des mafias et des populations locales hostiles à leur présence. Ne sachant trop quoi faire avec ces « indésirables », les autorités ont tout simplement fait le ménage en déplaçant le groupe ailleurs. Les travailleurs qualifiés vivent également des difficultés d'intégration au marché du travail, une déqualification plus forte pour certains qui se retrouvent dans des emplois en dessous de leur qualification et une grande difficulté à se trouver un logement de qualité.

Au-delà des manières nationales de faire et des structures économiques, sociales et politiques, trois traits communs se dégagent des nouvelles pratiques de l'intégration. Le point focal de l'intégration se fixe principalement sur l'intégration professionnelle des migrants au marché de l'emploi. Un apprentissage linguistique plus élaboré s'intensifie dans la plupart des pays. Une promotion de la coexistence entre nationaux et étrangers définit des rôles et des obligations pour les immigrants et la société d'accueil. Ces pratiques se propagent partout.

Pour y arriver, les États favorisent une gestion du dossier à partir des règles de la gouvernance. Ce principe de la gouvernance invite à pratiquer une forme de politique autre que la manière « classique » du pouvoir centralisé et hiérarchique. La gouvernance rime plutôt avec concertation, implication, collaboration et approche consensuelle. Pour que ça marche, le leitmotiv mis de l'avant consiste à ce que les politiques d'immigration opèrent de façon plus concertée et en impliquant les acteurs économiques, la société civile, les associations immigrantes. De nombreuses recherches sur le terrain montrent en effet que les politiques d'intégration passent de plus en plus par des partenariats à différents échelons administratifs.

Pour certains observateurs, la gouvernance doit se penser avant tout au niveau mondial et du droit international qui puissent offrir des protections aux personnes qui se déplacent, et qui puissent réduire les injustices[20]. Au niveau global, on remarque un souhait d'une nouvelle gestion des migrations internationales, mais comme l'explique Catherine Wihtol de Wenden, l'enjeu migratoire reste absent des grands débats planétaires à l'exception de sa conception sécuritaire[21]. Le lieu de la frontière comme passage et symbole de la souveraineté étatique évoque le contrôle et le pouvoir de l'ordre étatique sur les individus et non une gouvernance à construire collectivement. Depuis 2007, sous l'égide des Nations Unies, un forum annuel des migrations réunit les grandes organisations internationales et la société civile. En dépassant la logique nationale, de nouvelles problématiques apparaissent, notamment le besoin de codéveloppement entre les pays du Nord et du Sud, le transfert des capitaux, le dynamisme des réseaux et des diasporas.

La gouvernance est un bien beau principe, mais les États ne lâchent pas facilement le morceau et font de l'immigration une question liée à des enjeux de sécurité et d'identité nationale, enjeux qui s'inscrivent plutôt dans un débat national fixé sur les opinions publiques plus inquiètes devant une immigration de masse. Les États demeurent encore prisonniers de leur souveraineté et, selon l'expression d'une politologue américaine, Wendy Brown, ils pensent les politiques d'intégration à partir d'une « démocratie emmurée »[22]. On pourrait nuancer en soulignant une sorte de dédoublement du rôle de l'État, qui maintient sa prédominance sur certains enjeux sécuritaires de politique nationale et se désengage des aspects plus secondaires en évoquant le besoin d'impliquer un large éventail d'intervenants.

Deuxièmement, la gouvernance insiste sur l'implication d'une panoplie d'acteurs dans le dossier de l'immigration. Elle provoque

---

20. Bertand Badie et coll. *Pour un autre regard sur les migrations. Construire une gouvernance mondiale*, Paris, La Découverte, 2008.
21. Catherine Wihtol de Wenden, *La globalisation humaine*, Paris, PUF, 2009.
22. Wendy Brown, *Les murs de séparation et le déclin de la souveraineté étatique*, Paris, Les Prairies ordinaires, 2009.

néanmoins de la confusion lorsque vient le temps de se demander qui tient véritablement le gouvernail. Les gouvernements se coincent dans un beau langage fixé sur des objectifs de rendement, notamment de cibles à atteindre en se qui concerne la sélection et du recrutement tout en déplaçant la responsabilité sur les acteurs communautaires, mais dans une sorte de vide politique. Dans de nombreuses tables et forums sur l'immigration, on aime célébrer le lien de confiance entre le pouvoir et la société civile, invitant celle-ci à se prendre en main et à faire preuve d'innovation et de leadership sans pour autant lui donner de véritables moyens. Pour ma part, j'ai souvent émis certaines réserves sur la gouvernance participative, notamment l'engouement des gouvernements à trouver des « champions » pouvant porter le flambeau de l'immigration dans leur milieu sans questionner la légitimité de ces individus et leur expertise en la matière. Nous y reviendrons plus tard dans le dossier de l'immigration francophone.

***

Mobilité des personnes, immigration plus sélective, diversité des migrants et politiques d'intégration en concertation présentent bien le visage de l'immigration en ce début du 21e siècle. Un aspect important sur lequel j'ai insisté est le paradoxe consistant à vouloir pousser la logique économique de l'immigration, tel un besoin vital pour les sociétés, tout en éprouvant de plus grandes difficultés à intégrer les nouveaux arrivants. Comment expliquer cela ? De nos jours, il me semble que la mobilité ne s'intéresse plus vraiment au projet d'un individu à évoluer à long terme dans un milieu de vie et de se penser à partir de quelque part qui n'est pas limité à son origine ou à sa communauté. La mobilité se considère sous une forme plus « horizontale », libérée des contraintes du territoire, des politiques gouvernementales et du sentiment national. Dans cette logique, l'immigration devient un vaste marché, sans fond et fluide, capable de combler des besoins sans se préoccuper vraiment de la condition de l'immigré. Les migrants les plus désirables sont des êtres en mobilité et facilement adaptables. Dans tout ceci disparait cette autre conception de la mobilité plus « verticale » et proche d'une représentation classique de l'intégration au sens sociologique, c'est-à-dire, autour d'un individu épanoui, mais en même temps attaché à un lieu institutionnel concevant mieux le projet d'une société et des politiques en mesure d'améliorer la qualité de vie des citoyens.

Ces grandes lignes interprétatives ne se limitent pas à une analyse globale; elles impliquent également le niveau local. Il s'agit de cerner l'imbrication entre le global et le local et de présenter comment des régions, des provinces et des petites villes, moins travaillées par la migration et la diversité, s'engagent dans le jeu de l'immigration.

Chapitre 2

UNE NOUVELLE GÉOGRAPHIE
DE L'IMMIGRATION

arfois, les immigrants apparaissent dans des lieux inatten-
dus. Pendant longtemps, ils y arrivent surtout par débrouillar-
dise et nécessité de survie, le hasard faisant aussi les choses.
De nos jours, les politiques et les intervenants s'activent pour faire
en sorte que ces «nouveaux arrivants» fassent le choix de s'établir à cet endroit et pas à l'autre. Cela étant, prenons le temps
d'explorer cette nouvelle mécanique de la régionalisation de
l'immigration qui se dessine partout au Canada. Même si un très
grand nombre de personnes se dirigent vers les grands centres de
Toronto, Vancouver et Montréal, certains immigrants choisissent
de nouvelles destinations et ne limitent pas leur déplacement à
un seul lieu, faisant plutôt preuve de mobilité à l'intérieur d'un
territoire.

L'étude du phénomène migratoire dans des régions et des petites
villes moins marquées par l'immigration et la diversité fait dorénavant l'objet de nombreux travaux de recherche au Canada et ailleurs.
Une équipe de chercheurs en particulier s'y est beaucoup consacré
ces dernières années. Piloté par ma collègue Michèle Vatz-Laaroussi
de l'Université de Sherbrooke, le Réseau pancanadien de recherche
sur l'immigration en dehors des grands centres a développé une
expertise en la matière et a surtout permis de mettre en relation
des chercheurs et des intervenants intéressés par ce thème. Afin de
comprendre des réalités différentes de l'immigration dans les petits
milieux au Canada, Michèle a insisté sur la nécessité de sortir du
cadre d'une seule province, le Québec. Aller au-delà de la spécificité québécoise et de sa politique de régionalisation de l'immigration a permis, entre autres, d'inclure les terrains de recherche des
autres provinces canadiennes.

À Moncton, d'anciens collègues, sociologues et politologues, Nasser
Baccouche, Naguy Helmy et Tran Quang Ba, les «pionniers»,
ont alimenté le réseau par des études sur certaines populations

immigrantes du Nouveau-Brunswick. Plus tard, les «nouveaux», Nicole Gallant, Christophe Traisnel et moi-même avons travaillé ces problématiques. Le réseau a également fait le choix judicieux de l'internationalisation en nouant des liens avec des collègues de plusieurs pays d'immigration: Belgique, Suisse, Espagne, Australie, France, mais en assurant également une participation entière et égale des pays d'émigration: Maroc, Tunisie, Burkina Faso, Sénégal, Colombie. De ce brassage d'idées et d'expériences, plusieurs aspects conceptuels précisent les contours de ce que nous pouvons appeler une immigration en dehors des grands centres.

Un premier défi a été de réfléchir à ce que peut bien signifier une migration dans un «petit milieu», surtout lorsque nous prenons en considération la diversité des cas étudiés. La caractéristique de la taille ou de la densité permet de situer l'immigration autour de lieux tels des petites villes et milieux ruraux, de considérer des expériences en milieu urbain, semi-urbain et même rural. La dynamique de l'exposition du territoire à une nouvelle diversité ethnique constitue une autre variable à prendre en considération. Dans le cas canadien, le petit milieu comprend alors «les zones habituellement peu peuplées en immigrants et donc peu exposées à la diversité ethnique, culturelle ou religieuse bien que ces zones soient aussi parfois habitées par des minorités linguistiques ou autochtones»[1].

Lorsque vous expliquez à un Européen que la politique d'immigration canadienne encourage le principe de la régionalisation de l'immigration, il ne saisit pas très bien la chose. D'une part, plutôt amusé, il se demande ce que signifie cette volonté à répartir les immigrants dans des petites villes ou des régions rurales en sachant bien que la situation ne serait pas aussi favorable en Belgique ou en Suisse. D'autre part, la notion même de régionalisation ne prend pas la même signification. En Europe, elle se retrouve surtout dans le cadre supranational européen par un appel à une «Europe des

---

1. Michèle Vatz-Laaroussi, «Immigrants et vie associative dans les régions du Québec», dans *La vie associative des migrants: quelles (re)connaissances? Réponses européennes et canadiennes*, J. Gatugu, S. Amoranitis et A. Manço (éd), Paris, L'Harmattan, 2004, p. 181-201.

régions » économiques, notamment à ces *Superstar Regions* : nord de l'Italie, Catalogne, Rhin et Westphalie[2]. Comme le fait remarquer mon ami et collègue Altay Manço, chercheur belge, il vaut mieux travailler à partir du concept du local permettant de considérer l'impact que l'immigration a pu avoir dans certaines localités. D'origine turque, Altay observe l'immigration turque en Belgique francophone, notamment dans des petites agglomérations wallonnes en déclin industriel. Ses recherches montrent bien cette présence migrante sur le territoire du local à l'image de cette immigration ouvrière venue après la Seconde Guerre mondiale, italienne, portugaise et espagnole, rejointe, plus tard, par les Turcs. Par le recours à la photographie, le chercheur expose la visibilité de l'étranger dans le tissu local, mais également son confinement à des espaces de non-lieux, cités-dortoirs, villes-hangars le long de voies de chemin de fer abandonnées[3].

Étant donné la multiplication des trajectoires migratoires en dehors des grands centres, la dimension du réseau joue un rôle considérable, car les migrants communiquent et échangent des informations quant à la possibilité de faire une vie dans des endroits plus périphériques comme Moncton, Sherbrooke, Winnipeg et bien d'autres. Le réseau favorise la mobilité des gens. Plusieurs exemples de recherches illustrent cette dynamique. Depuis quelques années, les réseaux étudiants favorisent la mobilité vers des petites universités canadiennes, phénomène que j'ai observé de Moncton à Tunis et Ouagadougou (Burkina Faso), dans le cas des étudiants tunisiens et burkinabés qui étudient à l'Université de Moncton, et également dans le cas des étudiants chinois à l'Université du Nouveau-Brunswick à Saint-Jean. Toutes sortes de commentaires circulent sur Internet : les conditions de logement, le climat, l'attitude des gens du coin, l'emploi, la présence d'une communauté immigrante du pays, la possibilité de pratiquer sa religion, etc. Autre cas intéressant du réseau est la mobilité de réfugiés de la région des Grands Lacs africains dans l'espace francophone canadien (Congo-

2. Diane Perrons, *Globalization and Social Change. People and Places in a Devided World*, Londres, Routledge, 2004.
3. Altay Manço (éd.), *Turquie : vers de nouveaux horizons migratoires ?*, Paris, Turin, Budapest, L'Harmattan, 2004.

Kinshasa, Rwanda, Burundi). D'un premier lieu de destination, comme la ville de Sherbrooke, ils se déplacent rapidement vers un nouveau lieu, Brooks, en Alberta. Un grand nombre d'immigrants font alors le même chemin que des travailleurs canadiens attirés par l'emploi et le gain économique en Alberta. Cependant, des réalités difficiles les attendent comme celles des jeunes Africains qui travaillent dans des abattoirs à Brooks, une besogne ingrate qui rappelle des souvenirs sanglants d'un passé très proche[4].

Enfin, la nouvelle géographie de l'immigration ne laisse plus le petit milieu complètement étranger ou indifférent à ce phénomène. Provinces, régions, municipalités s'activent dans ce vaste chantier et développent un discours et des actions d'accueil. L'expression qui se généralise dans les milieux gouvernementaux et communautaires est celle de « communauté accueillante ». Puisque l'immigration est présentée comme une des solutions au développement économique, bâtir une communauté accueillante devient donc un leitmotiv pour toute communauté qui désire attirer des immigrants dans des petits milieux.

La communauté accueillante

Étrange formule que cette « communauté accueillante » qui me fait penser à ces enseignes aux limites des villes avec des visages colorés, souriants et accueillants. Ayant travaillé la problématique du tourisme, je trouve intéressant d'établir un rapprochement entre l'immigration et le tourisme. À l'image des promoteurs touristiques, les villes et les régions s'investissent beaucoup dans des stratégies de promotion de leur milieu afin d'attirer de nouveaux résidents. Partout, on célèbre la diversité des cultures immigrantes, façonnant une mémoire de la diversité pour situer la légitimité du projet d'accueil de nouveaux arrivants. Villes, villages et régions se lancent dans des opérations mémorielles afin de rappeler une

---

4. Professeur à la faculté Saint-Jean (Edmonton), Paulin Mulatris a analysé le parcours de ces jeunes à Brooks. « Disqualification professionnelle et expériences temporelles : enquête auprès des immigrants francophones installés en Alberta », *British Journal of Canadian Studies*, no. 23, vol. 1, 2010, p. 73-86.

présence d'immigrants dans leurs villes. À l'image du succès de la généalogie, on se découvre de la diversité pour donner un sens au projet de vouloir des immigrants. Il suffit de se promener sur les sites Internet de plusieurs municipalités pour remarquer les efforts de celles-ci à développer les atouts d'une communauté accueillante ayant déjà un capital de diversité en banque. Les petits milieux partent aussi à la conquête du monde en espérant recruter leur part d'immigrants. Depuis quelques années, le gouvernement fédéral et les provinces, accompagnés par des représentants des villes, des employeurs et de la société civile, se rendent dorénavant dans des salons d'immigration en Europe, en Asie et parfois en Afrique pour y vendre des destinations aux immigrants potentiels. Salons touristiques et d'immigration (Destination Canada) se rejoignent, car ils suivent la même logique, celle de vendre un produit et de le rendre le plus attrayant possible[5]. Le temps est également compté, car il faut faire vite et passer à une autre affaire. Dans ces lieux assez cloisonnés, on se demande ce qui peut bien se dire et quel message passe le mieux pour attirer le migrant. Les marchands de rêves exploitent beaucoup certains aspects de l'imaginaire canadien, comme la nature, la tranquillité, les grands espaces dont rêvent les Européens. Dans ces lieux, le Canada se pavane comme étant le pays qui sait gérer une diversité inscrite dans son patrimoine. On se considère surtout meilleur que l'Europe présentée comme un vieux continent prisonnier d'un lourd passé colonial et d'un climat social tendu par des banlieues en crises et par une islamisation des espaces publics. Cette représentation apocalyptique de ce qui se passe en Europe, avec ses banlieues et leurs immigrants extraeuropéens, je l'ai souvent observée dans certains milieux politiques et associatifs qui se plaisent à stigmatiser le cas européen pour donner l'impression que le Canada reste la terre promise où tout est possible pour de jeunes familles ne se reconnaissant plus vraiment en Europe.

En fait, l'expression à la mode de « communauté accueillante » signifie bien plus qu'une simple stratégie « touristique » de valorisation d'un milieu. Premièrement, le schéma de la communauté

---

5. Chedly Belkhodja, « Les fabricants d'images : la réalité du tourisme dans l'espace atlantique », *Francophonies d'Amérique*, vol. 15, 2003, p. 29-42.

accueillante nous amène à (re)considérer l'importance du territoire dans la construction identitaire. Dans le cadre de la mondialisation, le régional, le local, le rural deviennent des territoires marqués par un accroissement des dynamiques de flux migratoires et d'ouverture des frontières. La communauté cherche à s'inscrire dans ces logiques de mobilité, notamment par des actions visant à promouvoir leur lieu et à développer les capacités d'accueil et d'intégration. Deuxièmement, ce concept rejoint une thématique centrale de l'intégration qui est de savoir où se situe la responsabilité de cette intégration. Dans le langage à la mode, qui circule beaucoup dans les milieux gouvernementaux, la communauté accueillante fait référence au principe de la responsabilité double (*two way street of integration*)[6]. L'immigrant et la communauté d'accueil ont des responsabilités en ce qui concerne l'intégration, et les deux doivent trouver des mécanismes pour s'adapter l'un à l'autre. Il ne s'agit pas simplement pour une communauté d'absorber une nouvelle immigration, mais de préparer un terrain d'accueil.

Un tel discours de la responsabilité se développe autour de la prémisse «positive» que les acteurs et les individus sont fortement invités à se prendre en main et qu'ils le souhaitent également au nom de leur épanouissement personnel.

D'une part, la société d'accueil doit se responsabiliser tout entière à l'enjeu de l'immigration, c'est-à-dire qu'elle doit développer des stratégies et des actions visant à accueillir, intégrer et retenir les nouveaux arrivants. Ce type de discours sous-entend que la responsabilité de l'intégration ne relève pas entièrement des gouvernements, mais de l'ensemble des acteurs impliqués. D'autre part, un immigrant est responsable de s'intégrer à une nouvelle communauté. Selon le nouveau cadre de la citoyenneté responsable, les individus n'ont pas seulement des droits, mais auraient des devoirs, et il est entendu qu'ils doivent adopter les valeurs et les coutumes communes de la société d'accueil.

---

6. John Biles, Meyer Burnstein et Jim Frideres, *Immigration and Integration in Canada in the Twenty-first Century*, Montréal & Kingston, McGill-Queen's University Press, 2008.

Enfin, la communauté accueillante se présente de façon plus pra-
ticopratique par le principe tant célébré des «bonnes pratiques»
pouvant aider des communautés à développer une politique d'immigration. De nombreuses communautés de taille petite et moyenne
ont développé des outils et des initiatives, notamment des guides et
des structures pouvant améliorer la capacité d'accueil, d'intégration et de rétention des communautés aux nouveaux arrivants. Ces
initiatives s'appuient beaucoup sur les fameuses boites d'outils
conçues par le ministère Citoyenneté et Immigration Canada (CIC).
En écoutant plusieurs présentations à ce sujet, faites surtout par des
consultants, j'ai toujours été frappé par l'emballement et la naïveté
de personnes prêtes à tout simplement suivre les étapes pour arriver
en fin de parcours à être plus accueillant. C'est assez consternant
de limiter l'intégration à l'application de guides et d'étapes, qui fait
penser à certains excès d'une approche dite développementaliste
des années 1960 qui proposait aux pays sous-développés de suivre des étapes de développement pour rattraper leur retard. Dans
un monde réduit à des applications, on ne se pose pas beaucoup
de questions au point de vouloir tout mettre en harmonie comme
s'il n'était pas nécessaire de présenter ce qui ne fonctionne pas.
Le seul intérêt ici est de voir que des communautés effectuent un
travail autour de la représentation «positive» de la communauté
et la capacité de celle-ci à développer des projets impliquant les
citoyens. Une telle manière de faire illustre bien l'usage de nouvelles formes de gestion de la politique au-delà d'une conception
plus traditionnelle du rôle de l'État. Dans ce sens, la communauté
accueillante insiste sur une pratique de collaboration participative
entre les divers intervenants du milieu. On se demande parfois où
sont les immigrants dans ce processus…

Régionalisation de l'immigration au Canada

Depuis de nombreuses années, des sociétés comme celles du
Canada et de l'Australie ont développé des politiques en matière
de régionalisation des flux migratoires. Par la possibilité de sélectionner des immigrants économiques et d'accueillir des immigrants
de la catégorie des réfugiés, ces deux pays ont cherché à distribuer
le nombre d'immigrants sur un vaste territoire à peupler. Les États-
Unis connaissent également une régionalisation de l'immigration.
Elle demeure cependant occultée par l'omniprésence, dans le débat

public, du dossier de l'immigration illégale avec la présence d'environ 12 millions de clandestins. Une nouvelle géographie de l'immigration se dessine vers de nouvelles destinations du sud et du Midwest américain et comprend une diversité des communautés ethniques migrantes haïtiennes, coréennes, afghanes, etc[7].

En revanche, l'Europe se démarque de ces pays en raison d'une géographie bien différente et au fait d'avoir moins développé le volet de l'intégration des immigrants. Dans le cadre d'une nouvelle géographie de l'immigration, des rapprochements peuvent cependant se faire entre les deux. Pendant longtemps, le seul profil migratoire qui retient l'attention en Europe est celui du demandeur d'asile. Cela s'atténue, car au-delà de la question des demandeurs d'asile et des travailleurs saisonniers, de nouvelles formes d'immigration, des nouvelles catégories de qualifiés – ouvriers spécialisés, étudiants étrangers – et de nouvelles destinations pour les migrants font évoluer le continent européen vers le même scénario migratoire, plus économique et compétitif.

Dans l'« Europe des 27 », tout change, notamment la manière de considérer l'immigration en tant que levier économique pour l'ensemble des territoires. L'Europe est devenue malgré elle une terre d'immigration provoquant un changement de cap dans la manière de penser les migrations et les politiques d'intégration (même à reculons !). De nombreuses recherches font en effet référence à l'intensification et à la pénétration des flux migratoires en dehors des grandes villes européennes. En Irlande, en Grande-Bretagne, et au Portugal, des immigrants polonais, ukrainiens et roumains ont immigré vers des régions périphériques en quête de développement. Les régions développent des capacités afin d'attirer les immigrants économiques, à l'image de l'Écosse qui, dans le cadre de la dévolution britannique donnant plus d'autonomie aux territoires, souhaite attirer une main-d'œuvre qualifiée et qui, pour y arriver, cible les étudiants étrangers. Ceci fait contraste par rapport aux flux migratoires des années 1960, plus précisément le déplacement de population des régions périphériques du sud vers les grandes agglo-

7.   Jones R. C. (dir.), *Immigrants Outside Megalopolis: Ethnic Transformation in the Heartland*, Laham, MD : Rowman and Littlefield, 2008.

mérations urbaines du centre, comme les Portugais installés à Paris et à Genève.

Le Portugal est un cas fort intéressant que j'ai observé pendant quatre mois au Centro de Estudos Geográficos (CEG) de l'Université de Lisbonne, piloté par la professeure Lucinda Fonseca. Pendant longtemps, le Portugal fut considéré comme une société d'émigration avec des déplacements massifs de travailleurs vers la France, la Suisse, le Brésil et l'Amérique du Nord. Dans le cas canadien, la grande majorité de ces immigrants sont venus des Açores, iles situées en plein milieu de l'Atlantique. À partir des années 1980, une ouverture vers l'immigration se produit en raison de plusieurs facteurs : une croissance d'une immigration venant des anciens territoires coloniaux – Brésil, Angola, Cap-Vert, etc. ; la consolidation du lien à l'Europe ; le développement des infrastructures et le besoin de main-d'œuvre ; l'exposition universelle de 1988 ; l'immigration à partir de nouveaux pays européens. Les Ukrainiens viennent en grand nombre pour occuper des emplois dans le secteur de la construction et des grands travaux. Nombreux quittent le pays d'accueil par la suite en raison du manque de travail ou de la difficulté à obtenir un emploi à la hauteur de leur qualification. Enfin, en raison de la détérioration du contexte économique et de la politique d'austérité menée par le gouvernement socialiste de José Socrates, de nombreux Portugais, environ 70 000 par année, quittent leur pays pour des destinations « classiques » comme le Canada, mais aussi vers de nouvelles terres d'accueil au sud, comme l'Angola et le Brésil.

En matière de régionalisation de l'immigration, le Canada est devenu une référence au fil des années par un discours et une pratique des trois paliers de gouvernement, fédéral, provincial et municipal, et d'un nombre important d'acteurs de la société civile. Elle s'inscrit au cœur même de l'histoire du peuplement. Après la création du dominion du Canada en 1867, l'immigration devient une nécessité économique pour la consolidation de la jeune nation[8]. Entre

---

8. Peter Li, *Destination Canada. Immigration Debates and Issues*, Toronto, Oxford University Press, 2003 ; Ninette Kelley et Micheal Trebilcock, *The Making of the Mosaic. A History of Canadian Immigration Policy*, Toronto, University of Toronto Press, 2000 ; Pâquet, Martin, *Tracer les marges de la*

1896 et 1914, trois millions d'immigrants s'installent au Canada, principalement dans l'ouest du pays. La récession économique des années 1930 et la Seconde Guerre mondiale marquent un ralentissement dans l'accueil de nouveaux immigrants. À partir des années 1950, l'immigration reprend, mais principalement dans les grandes villes du pays, soit Toronto et Montréal, les flux d'immigration se concentrant autour du développement industriel et des services. Un tournant important se produit durant les années 1960 en raison d'une réforme de la politique d'immigration canadienne (1967) qui consiste à adopter une sélection plus universelle et économique des immigrants, enlevant ainsi les critères de race et d'origine de la politique nationale[9]. Cette dynamique aura quelques effets au niveau de la régionalisation. Le cas des professionnels de la santé est un exemple intéressant, car il s'agit d'un dossier très présent de nos jours, mais traité bien différemment.

Durant ces années, le pays va recruter massivement des immigrants professionnels, comme des médecins. Entre 1947 et 1976, environ 10 000 médecins s'installent dans des régions rurales du pays, surtout en Saskatchewan et à Terre-Neuve-et-Labrador[10]. Dans de nombreuses petites localités du pays, ces étrangers deviennent des pionniers, en participant à la consolidation du système de santé national (1966) et à l'avènement d'un État plus interventionniste. La présence de ces immigrants en milieu rural, venus de divers pays extraeuropéens, permettra également un début d'ouverture des esprits et de sensibilisation à la diversité.

Un autre aspect qui vient rapidement à l'esprit lorsqu'on pense à la régionalisation de l'immigration au Canada est la dimension humanitaire de la politique nationale qui s'engage à accueillir un

cité. *Étrangers, immigrant et État au Québec 1627-1981*, Montréal, Boréal, 2005.

9. Abu-Laban, Yasmeen et Christina Gabriel, *Selling Diversity. Immigration, Multiculturalism, Employement Equity, and Globalization*, Peterborough, Broadview Press, 2002.

10. Sasha Mullally et David Wright, « La Grande Séduction? The Immigration of Foreign-Trained Physicians to Canada, 1954-1976 », *Journal of Canadian Studies*, vol. 41, no. 3, 2007, p. 67-92.

nombre de réfugiés par année afin de les répartir hors des grandes villes. En 1956, plus de 30 000 réfugiés hongrois (insurrection de Budapest) sont admis au pays. En 1968, le pays ouvre ses frontières aux réfugiés tchèques fuyant le Printemps de Prague. Plus tard, de nombreuses communautés accueilleront des réfugiés du conflit indochinois, des familles vietnamiennes venant s'intégrer au paysage de nombreuses petites localités du pays. Le problème demeure que les réfugiés viennent de façon régulière, mais ne restent pas, préférant rejoindre les grands centres urbains du pays.

Ces dernières années, le phénomène de la régionalisation de l'immigration ne se limite plus à la répartition des immigrants de la catégorie des réfugiés par les autorités fédérales, mais s'inscrit dorénavant dans une logique démographique et économique. En 2001, les données du Recensement national soulignent une concentration plus forte de la population dans les trois grandes régions métropolitaines du pays. La régionalisation de l'immigration se trouve rapidement à l'ordre du jour des politiques du ministère fédéral responsable de l'immigration, Citoyenneté et immigration Canada (CIC), et prend plus de visibilité dans le débat public. Voulant encourager l'immigration dans les autres régions du pays, l'ancien ministre fédéral de la Citoyenneté et de l'Immigration, Denis Coderre, y est allé de sa suggestion, soit celle de contrats de résidence de trois ans pour les nouveaux immigrants.

Plusieurs intervenants insistent sur une meilleure régionalisation au pays. Certains pensent que celle-ci peut mener à une répartition plus juste des immigrants sur le territoire national, venant ainsi diminuer le nombre d'immigrants qui se dirigent, année après année, vers les grandes métropoles du pays. Dans une certaine mesure, le principe de la régionalisation de l'immigration a été pensé en réaction au fait que les trois plus grandes villes du pays (Toronto, Vancouver et Montréal) attirent près de 80 % des nouveaux arrivants par année. La régionalisation aurait comme possibilité de désengorger ou décongestionner les grands centres et ainsi d'éviter les présumés scénarios de la saturation des villes, de la ghettoïsation des communautés immigrantes, de la paupérisation, des risques de repli identitaire et des violences urbaines. Dans les médias, cette représentation assez catastrophique des villes circule, notamment avec les gangs de rues asiatiques et noirs à Toronto et à Vancouver, et les problèmes sociaux dans certains quartiers de Montréal.

Un autre argument de poids insiste sur le fait que la régionalisation présente des avantages économiques et démographiques dans des régions plus concernées par le vieillissement de la population, la faible natalité et l'exode des jeunes vers les grands centres. Les données du recensement national de 2001 auront un impact politique direct, montrant bien le déclin des régions au profit des régions métropolitaines et la nécessité de penser des mécanismes souples pouvant attirer des immigrants dans les plus petits milieux. L'immigration devient un levier économique des régions qui permet d'attirer une population jeune et qualifiée et vise à combler des besoins en matière d'emploi en plus de dynamiser des petits milieux dans un contexte global plus concurrentiel. En tenant compte du discours gouvernemental, il ne s'agit plus simplement de recevoir des immigrants comme les réfugiés et les demandeurs d'asile, mais d'attirer des immigrants économiques qui viennent augmenter la compétitivité économique et la créativité de toutes les communautés.

Le Canada étant un pays caractérisé par une diversification croissante de sa population, la régionalisation de l'immigration peut être aussi un mécanisme d'enrichissement culturel à l'ensemble du territoire. Ces dernières années, la rhétorique gouvernementale insiste beaucoup sur l'importance de faire la promotion d'un nouveau Canada multiculturel d'un océan à l'autre afin d'éviter de creuser le clivage entre un Canada pluraliste et cosmopolite et un vieux Canada toujours homogène, soit blanc et chrétien, celui de l'Est versus celui de l'Ouest, plus diversifié. On assiste alors à une accentuation des politiques de régionalisation de l'immigration dans des milieux moins habitués à la diversité ethnique et culturelle, notamment les petites villes, les régions francophones, les milieux ruraux. Par son programme de multiculturalisme, le gouvernement fédéral appuie de nombreuses initiatives qui visent à reconnaitre les spécificités culturelles et religieuses des minorités. Les provinces ont également développé des politiques et des stratégies de gestion de la diversité culturelle. Au Québec, au-delà de la politique de la régionalisation qui existe depuis 1983, le clivage entre la métropole, Montréal, et les régions a été au centre de la fameuse controverse des accommodements raisonnables de 2006-2007. Une des conclusions du volumineux rapport des commissaires Gérard Bouchard et Charles Taylor propose d'y répondre par le souhait que l'immigration puisse enrichir toutes les régions du Québec et éviter la polarisation entre Montréal et le reste du Québec.

C'est à propos des politiques que la régionalisation a considérablement évolué ces dernières années vers une participation plus active des provinces et une concertation entre les différents paliers de gouvernement. À partir des années 1990, le tableau de l'immigration change profondément, allant d'un manque d'intérêt des provinces, surtout les petites qui se sentent moins concernées par cet enjeu, à un engagement considérable des gouvernements provinciaux sur le plan des politiques. Dans l'esprit du pacte fondateur de 1867, la question de l'immigration demeurait une prérogative fédérale. Le gouvernement fédéral assumait en quelque sorte son rôle de gardien en sélectionnant les « bons immigrants » qui contribuent rapidement à l'économie du pays[11]. La constitution canadienne (section 95 de la Loi constitutionnelle de 1867) établit cependant que l'immigration est un pouvoir partagé entre le fédéral et les provinces. Après la Seconde Guerre mondiale, le mécanisme des relations fédérales-provinciales donne la possibilité aux provinces de s'engager dans le dossier, mais peu y voient un intérêt[12]. En 1978, la Loi sur l'immigration propose une plus grande implication des provinces pour assurer la répartition des réfugiés dans les différentes régions du pays. Les provinces les plus concernées (Ontario, Québec, et Colombie-Britannique) développent des actions, mais les plus petites restent en retrait. Le Québec demeure un cas particulier, car il négocie avec le gouvernement fédéral une entente lui permettant de sélectionner ses propres immigrants économiques et francophones. Dès le début des années 1960, le dossier de l'immigration s'inscrit dans le développement du projet québécois, notamment l'importance de la francisation des nouveaux arrivants.

---

11. Peter Li, *Destination Canada. Immigration Debates and Issues*, Toronto, Oxford University Press, 2003.
12. Robert Vineberg, « Federal-Provincial Relations in Canadian Immigration », *Canadian Public Administration*, vol. 30, no.2, 1987, p. 299-317.

À partir du moment où l'immigration devient une affaire plus économique, tout le monde se met à vouloir des immigrants. Pour y arriver, les provinces vont suivre l'exemple québécois en se donnant une marge d'autonomie. Les programmes des candidats des provinces permettent à celles-ci de désigner les immigrants qui aideront à répondre aux priorités économiques et aux besoins de main-d'œuvre. En 1998, la province du Manitoba est la première à signer une entente avec Ottawa sur la gestion de son immigration. À l'aide de ce programme, la province se donne un nouvel élan démographique et économique. Elle innove en matière de recrutement avec des stratégies visant certaines communautés rurales, des groupes ethnoculturels et religieux, notamment les mennonites, les étudiants étrangers, et un recrutement spécifique d'immigrants francophones. En 2001, la province se fixe un recrutement de 10 000 candidats par année et se propose maintenant de passer à 20 000 en 2016. Le cas du Manitoba reste la référence à suivre, le *success story* toujours évoqué dans les rencontres au point de faire des envieux, mais on oublie souvent que son succès ne dépend pas seulement des cibles atteintes en matière de recrutement, mais d'une conjoncture favorable.

Au départ, il existe un gouvernement provincial qui prend la décision politique de faire de l'immigration un pilier au niveau du développement économique. L'environnement local est également propice : d'une part, une municipalité de taille importante, Winnipeg, souhaite augmenter le nombre des immigrants et innove en matière de recrutement ; d'autre part, des communautés rurales (Brandon, Steinback, Winkler) se lancent dans des expériences d'immigration. Enfin, l'aspect méconnu de cette histoire est la façon dont certains hauts fonctionnaires ont piloté ce dossier au Manitoba. Des personnes comme Gerry Clément et Tom Denton illustrent bien la dimension souvent négligée de l'expertise gouvernementale à bâtir. On pourrait faire ici un rapprochement avec les réformes du premier ministre Louis J. Robichaud au Nouveau-Brunswick durant les années 1960 et la ferme volonté de changement politique poussée par le pouvoir et développée par un appareil gouvernemental. Les autres provinces et territoires suivent rapidement le pas en signant chacune des ententes bilatérales avec le gouvernement fédéral.

Une autre caractéristique du nouveau cadre politique de la régionalisation de l'immigration se remarque par l'implication des villes et des collectivités locales dans le dossier. Suivant l'évolution du cadre fédéral vers la décentralisation et la participation d'un plus grand nombre d'acteurs, un principe assez simple guide cet élan des villes : les immigrants s'installent sur leurs territoires et demandent des services plus étendus. Selon une conception classique du fédéralisme, les villes apparaissent souvent comme le maillon faible, réduites à des pouvoirs journaliers. Pendant longtemps, on les a considérées comme des acteurs participant au dossier de l'immigration, mais dans un climat de laisser-faire qui parfois peut donner des résultats intéressants, mais également l'inverse. En 2005, la province de l'Ontario a signé une entente historique avec le gouvernement fédéral qui inclut les municipalités dans la gestion de l'immigration provinciale. C'est une première au Canada, qui reconnait que les villes sont les véritables lieux de réception des nouveaux arrivants et qu'elles travaillent en concertation avec les autres paliers de pouvoir.

Au sein des villes canadiennes, la question de l'immigration ne se limite plus seulement à la distribution de services de première ligne pour certaines catégories d'immigrants, notamment les réfugiés, mais plutôt à une mise à niveau du discours et des actions en mesure de répondre à une plus grande diversité des besoins de la population immigrante. Nombreuses villes de taille moyenne développent des stratégies et des services d'accueil pour les nouveaux arrivants et les recherches indiquent que l'implication des acteurs politiques, économiques et sociaux est essentielle au succès des projets qui apparaissent très variés. Il existe de nombreuses initiatives, comme ce dialogue autour de la diversité entre une panoplie d'intervenants de la ville d'Ottawa. Cet échange a mené à la mise sur pied de structures de concertation municipales sur différents aspects de l'intégration des immigrants. D'autres municipalités ont adopté des chartes de la diversité, notamment à Sherbrooke, et des politiques favorisant une meilleure représentation des immigrants dans les emplois municipaux.

À Moncton, j'ai plutôt connu l'expérience du maillon le plus faible, d'une gestion de l'immigration par la petite porte. Mon implication dans une structure citoyenne – le Comité immigration du Grand

Moncton – partait du souhait de faire de l'immigrant une priorité sur le plan de la construction sociale, politique et culturelle de la ville, et de l'engagement de celle-ci à reconnaitre la présence de l'immigrant comme un citoyen à part entière. Ville officiellement bilingue depuis 2002, Moncton pouvait passer maintenant à l'étape de la reconnaissance de la diversité ethnique. Tout partait d'une volonté des acteurs économiques (Entreprise du Grand Moncton) de faire de l'immigration un enjeu central du développement économique, et d'une observation que les nouveaux immigrants ne recevaient pas les services adéquats. En tant que premiers coprésidents du comité, Annette McKay-Vautour, directrice générale du Centre de bénévolat du sud-est du Nouveau-Brunswick, et moi-même avons rencontré des défis de taille.

Dès le début, une sorte de petite guerre « linguistique » entre la structure d'établissement historique de Moncton et une nouvelle structure d'accueil francophone voulant offrir un service aux immigrants francophones a miné le travail du comité. Tout n'est pas si fluide qu'on le pense et le principe de la collaboration et de la concertation est une question délicate, notamment dans des milieux caractérisés par la présence d'acteurs « historiques », les pionniers, ayant mené seuls de grands efforts pour défendre l'immigrant et la diversité raciale dans une ville frileuse à l'idée de la pluralité. Il y a encore ce réflexe voulant que l'immigration serait une chasse gardée pour certains groupes qui refusent de partager des ressources avec de nouveaux joueurs. Dans notre travail, une impression d'aller dans toutes les directions, de vouloir tout faire a rapidement découragé les membres du comité. La culture du laisser-faire économique n'a pas permis de véritablement engager le pouvoir municipal dans le projet. Au-delà du fait d'avoir reçu un appui financier ayant permis l'embauche d'un employé, le pouvoir municipal se devait de porter le dossier de l'immigration, de le rendre plus visible sur le plan politique. Il a plutôt délégué.

Pour y arriver, je pense que la Ville doit engager un travail de planification qui passe par un dialogue avec les communautés immigrantes, visant à les inclure dans un processus qui doit éviter deux choses : il ne faut pas exploiter l'immigrant dans sa différence ethnique et culturelle, le confinant à une sonorité ou une saveur parmi d'autres dans un espace de divertissement festivalier ni considérer l'immigrant en tant qu'une commodité pouvant répondre à des besoins toujours définis par la communauté d'accueil. Les questions qui dérangent doivent être abordées, notamment celles de la discrimination raciale et du racisme, toujours présentes dans les problématiques urbaines, grandes ou petites. Dans une ville où l'accommodation historique entre les élites définit encore la culture politique municipale, on évite souvent le sujet, préférant évoquer les meilleures pratiques en matière de gestion de la nouvelle diversité. Mais la réalité dérange, car elle exprime des situations réelles, comme celle de ces étudiants africains qui se font tabasser à la sortie de bars de la rue Main, à Moncton, ou cette frilosité des entrepreneurs locaux à donner une chance à des immigrants qualifiés qui s'expriment dans un anglais tout simplement différent. Les médias ne font pas souvent état de ces enjeux.

Au contraire, un discours euphorique autour du potentiel de l'immigration économique se généralise dans les petits milieux, message surtout porté par des agents de développement économique. On établit alors qu'une certaine immigration, produite par l'économie du savoir, constitue une matière pouvant augmenter le capital humain des régions. L'attention se fixe sur des aspects telle la capacité de se démarquer par le talent et la flexibilité d'une nouvelle population, jeune et hautement qualifiée, et moins sur les éléments infrastructurels du développement. En se référant à la thèse populaire de Richard Florida, véritable gourou de la *Creative Class*[13], les villes se lancent dans des projets visant à les rendre plus performantes et plus dynamiques, afin d'en faire des villes « inventives » et « intelligentes »[14]. Dans cette perspective, l'évocation de l'immigrant intègre

---

13. Richard Florida est professeur et directeur de l'Institut Martin Prosperity à l'Université de Toronto. En 2002, dans *The Rise of the Creative Class*, il développe sa vision harmonieuse d'un monde de communautés branchées et scolarisées.
14. En mars 2009, retenue parmi sept villes par *l'Intelligent Community Forum*, la municipalité de Moncton demandait à sa population de voter par Internet pour faire de Moncton la ville la plus « intelligente » du monde à partir d'une liste de critères : habileté à attirer et à retenir une main-d'œuvre qualifiée, nouvelles technologies, capacité d'innovation, etc. Il fallait voir l'engouement pour cette initiative virtuelle qui visait à faire de Moncton une ville plus intelligente qu'Édimbourg ou Stockholm…

un cadre bien précis qui néglige d'autres dimensions importantes de son intégration comme les éléments socioculturels et linguistiques, le bienêtre, la participation politique et citoyenne. À Moncton, j'ai été assez amusé d'entendre des intervenants affirmer que les jeunes étudiants internationaux gradués de l'Université de Moncton devenaient des éléments de cette nouvelle classe créative en travaillant dans des centres d'appels, présentés comme de hauts lieux de l'innovation dans le service à la clientèle. Ce que je constate, c'est que tout le monde récite religieusement les leçons de Florida et autres faiseurs d'images, mais que certaines villes ont bien sûr plus de cartes à jouer. Dans ce nouveau jeu, une ville comme Kitchener-Waterloo, présentée comme une référence en matière de transformation économique, se tire bien d'affaire en raison de certaines forces créatives : sa proximité avec Toronto, ses universités très performantes sur le plan des études supérieures, un investissement dans des secteurs de pointe. Le désir de jouer parmi les plus grands incite des villes comme Moncton à imiter les mêmes recettes du « succès économique » sans pour autant en avoir les outils. Les chiffres sont révélateurs : en 2010, Moncton (424) n'attire pas autant les nouveaux immigrants que les villes de Saint-Jean (655) et de Fredericton (563)[15].

En matière de politiques de régionalisation, le Canada peut se considérer comme un pays ayant favorisé et réussi une répartition plus équitable de son immigration. Un fédéralisme plus souple encourage en effet les provinces et les municipalités à participer au processus de recrutement et d'intégration des nouveaux arrivants dans un vaste territoire. L'importance de l'immigration se remarque également dans la construction d'une nouvelle narration canadienne pouvant dépasser les distinctions géographiques entre les grands centres et les petits milieux. On se demande parfois si cela reste une illusion politique masquant une réalité des chiffres encore bien maigres. Le dernier recensement de 2006 souligne cependant une tendance intéressante, à savoir que l'immigration décline légèrement dans les trois grandes régions métropolitaines du pays, provoquant des changements significatifs pour les nouvelles destinations comme le Nouveau-Brunswick.

---

15. Citoyenneté et Immigration Canada, *Faits et chiffres : Tableaux sommaires – Résidents permanents et temporaires*, 2010.

Chapitre 3

L'IMMIGRATION
AU NOUVEAU-BRUNSWICK:
UNE CULTURE DE L'HÉSITATION

Ce chapitre est une version remaniée d'un chapitre de livre publié récemment.
Chedly Belkhodja et Christophe Traisnel, « Immigration and Diversity
in New Brunswick », John Biles, Meyer Burstein et Jim Frideres,
Integration and Inclusion of Newcomers and Minorities across Canada,
Montréal, McGill-Queen's University Press, 2011.

Défendre le dossier de l'immigration au Nouveau-Brunswick peut paraitre assez déprimant pour un fonctionnaire, un agent économique de développement ou un chercheur. Comme les provinces voisines, le N.-B. ne se situe pas sur les grands axes de migration qui viennent dynamiser d'autres régions du pays. Elle connait également un problème d'image, de petite province en périphérie du développement économique, dépendante de l'octroi de subventions fédérales. Le Nouveau-Brunswick ne constitue donc pas une région de premier choix pour les immigrants. En 2006, sur une population totale de 729 995 habitants, 26 400 sont dénombrés comme immigrants au Nouveau-Brunswick, ce qui représente 3,7 % de la population environ. Ce taux est assez faible lorsqu'on le compare avec les autres provinces (Québec, Ontario et Colombie-Britannique), mais conforme à ce qu'on peut constater dans les autres Provinces maritimes. En 2008, les quatre provinces de l'Atlantique reçoivent 2,8 % du nombre annuel de résidents permanents. Le volume migratoire n'est tout simplement pas encore là.

Un argument indiscutable reste que l'Est du pays est moins marqué par la réalité d'un Canada qui se recompose dans le discours de la diversité. De temps en temps, des journalistes nationaux prennent plaisir à qualifier les habitants des provinces de l'Atlantique de « défaitistes » et de « perdants » en expliquant que la culture politique de cette région demeure coagulée autour de comportements et pratiques politiques dépassés et insensibles à l'apport de l'immigration. Un article en particulier, publié le 20 aout 2004 dans le *Globe and Mail* par le journaliste John Ibbitson, intitulé « Why Atlantic Canada Remains White and Poor », a mis le feu aux poudres, suscitant beaucoup de réactions autour de cette caricature du *Maritimer looser*.

Les années à venir donnent cependant de l'espoir... L'Est du pays connait un taux de croissance soutenu ainsi qu'une diversification de son économie vers de nouveaux secteurs, permettant de cibler une main-d'œuvre qualifiée venant de différents pays. Des villes comme Charlottetown, Moncton, Halifax et Saint-Jean (Terre-Neuve-et-Labrador) profitent de la nouvelle économie et commencent à se diversifier et à développer leur capacité d'accueil. Devant un début d'immigration, les politiques publiques gouvernementales et municipales sont amenées à s'adapter et à développer des stratégies innovatrices et capables de rassembler tous les acteurs locaux, publics et privés, qui participent au développement économique et social. Enfin, la volonté du gouvernement fédéral de promouvoir une immigration non seulement au sein des grands centres urbains, mais également en région ou dans de plus petites communautés, peut avoir à plus ou moins long terme un impact sur le phénomène de l'immigration au Nouveau-Brunswick.

Je souhaite aborder l'enjeu de l'immigration au Nouveau-Brunswick par une réflexion qui me ramène à des travaux antérieurs sur les tensions linguistiques des années 1990 lorsque que le parti *Confederation of Regions* provoquait un certain embarras parmi la classe politique provinciale[1]. Selon moi, le succès de ce petit parti extrémiste ne se limite pas à son résultat spectaculaire de 8 sièges et 21 % du vote populaire aux élections provinciales de 1991, mais à sa manière de provoquer un débat sur un enjeu quasi tabou, celui du bilinguisme officiel. À cette époque, le climat politique national et provincial est envenimé par le débat constitutionnel entre le Québec et le reste du Canada, ce qui permet au CoR (comme son grand frère dans l'Ouest du pays, le *Reform Party*) de parler plus librement au nom d'une population anglophone qui se dit aliénée par le système politique en place et désavantagée au niveau linguistique. Cette façon de faire caractérise bien la manière dont les partis

---

1. Deux textes analysent le parcours du CoR au Nouveau-Brunswick : Chedly Belkhodja, « La dimension populiste derrière l'émergence et le succès électoral du Parti Confederation of Regions (CoR) au Nouveau-Brunswick », *Revue canadienne de science politique,* vol. 32, no. 2, 1999, p. 293-315 et "Populism and Community: The Cases of Reform and the Confederation of Regions Party in New Brunswick", *Political Parties, Representation and Electoral Democracy in Canad*a, William Cross (dir.), Toronto, Oxford University Press, 2002, p. 96-112.

extrémistes et populistes affirment parler au nom d'une « majorité silencieuse » et monopolisent des enjeux plus polarisés et négligés par les partis traditionnels (en Europe, on pense à des enjeux comme l'immigration et l'insécurité urbaine qui feront le succès des partis d'extrême droite).

Même si le parti CoR disparait rapidement en raison de la pagaille qui s'installe parmi ses fondateurs et de son incompétence parlementaire à Fredericton, je crois que son véritable succès a été de réduire la visibilité politique du bilinguisme. Je m'explique : on en parle toujours, mais pas de la même manière que durant les années de Louis J. Robichaud (1960-1970) et de Richard Hatfield (1970-1987). Une stratégie de l'évitement s'inscrit dans une culture provinciale qui proclame l'importance du bilinguisme en tant que symbole juridique et historique, mais sans pour autant lui donner toute sa dimension dans le débat politique. De 1995 à 1999, coincé entre un électorat anglophone ayant appuyé le CoR et des appuis francophones, le gouvernement conservateur de Bernard Lord établit une sorte de brouillage langagier qui lui permet d'éviter de préciser la dimension linguistique au profit d'une appellation plus globalisante, celle « des gens du Nouveau-Brunswick ». En analysant les discours des gouvernements provinciaux depuis les années 1960, nous avons remarqué que l'expression de communauté linguistique ne se trouve plus dans les discours du gouvernement Lord[2]. C'est la même chose avec le dossier de l'immigration. Même si tout le monde en parle en faisant surtout référence aux dimensions du développement économique et culturel, il demeure que cet enjeu a toujours inquiété les gouvernements en raison du risque de faire passer l'immigration devant la défense des intérêts « des gens du Nouveau-Brunswick ».

Cette attitude s'inscrit dans une culture politique locale sans cesse préoccupée à ne pas provoquer de remous entre les communautés linguistiques, à cette fameuse pratique de l'accommodation entre

---

2. Chedly Belkhodja, « Une rhétorique populiste de droite au sein d'un parti traditionnel : le cas du Parti conservateur au Nouveau-Brunswick (Canada) », *Lexicometrica*, 2004 (www.cavi.univ-paris3.fr/lexicometrica/thema/thema7.htm).

les élites politiques[3]. Étrangement, dans le cas de l'immigration, le fameux *backlash* anglophone reste un marqueur de la culture politique provinciale où tout semble se réduire au clivage linguistique. Comme nous allons le voir, la préférence gouvernementale ira vers l'usage d'un discours et d'une stratégie traitant l'immigration parmi d'autres mécanismes de repopulation.

Pour bien comprendre ces aspects, un bref aperçu historique de l'immigration provinciale permettra de présenter quelques éléments de l'hésitation provinciale à s'engager plus fortement dans ce dossier.

Survol de l'histoire de l'immigration au Nouveau-Brunswick

En mai 2004, le gouvernement provincial organise une importante conférence sur l'immigration à Saint-Andrew's. *Rendez-vous 2004*, qui concorde avec les activités célébrant la commémoration du 400e anniversaire de la fondation du premier établissement français en Amérique du Nord, se veut en quelque sorte l'engagement du gouvernement du Nouveau-Brunswick à faire de l'immigration un enjeu plus déterminant de son développement économique et social. Dans leur présentation, l'historienne Margaret Conrad et son étudiante Heather Steel invitent toutefois la province à faire preuve de plus d'innovation que dans le passé :

« En 2004, presque 97 % de la population du Nouveau-Brunswick est née dans la province, par rapport à 73 % en Ontario et à 74 % en Colombie-Britannique. Bref, les Néobrunswickois semblent se complaire dans leurs modèles de population d'avant la Confédération, et être peu disposés à accepter les profonds changements qu'une fructueuse politique d'immigration pourrait entraîner [...] Chercher des immigrants uniquement pour régler facilement et rapidement des difficultés économiques de longue date est injuste pour les immi-

---

3. Une étude oubliée propose une comparaison fort éclairante de deux sociétés marquées par un clivage ethnoreligieux, soit l'Irlande du Nord et le Nouveau-Brunswick. Aunger, Edmund A. *In Search of Political Stability. A Comparative Study of New Brunswick and Northern Ireland*, Montreal, McGill-Queen's University Press, 1981.

grants. De plus, si le passé peut servir d'indicateur, cette politique a peu de chance de réussir »[4].

Les auteurs font remonter à la surface un évènement intéressant d'une autre époque, soit une conférence autour de l'immigration qui s'est tenue en grande pompe à Fredericton en mars 1912 : « On remit aux délégués des insignes et des « Je suis pour le Nouveau-Brunswick » et « Nous allons dynamiser le Nouveau-Brunswick et l'Est » et on leur fit entendre une liste impressionnante de conférenciers »[5]. Curieusement, les enjeux répondent aux mêmes types d'interrogations soulevées à la rencontre de 2004 à Saint-Andrew's. Les participants et les nombreux conférenciers demandent à la province de faire un meilleur travail de promotion à l'étranger ; d'offrir des services d'accueil mieux adaptés aux nouveaux arrivants (principalement des travailleurs agricoles britanniques et américains) et, enfin, de structurer son action par la création d'une structure gouvernementale. Dans l'euphorie du moment, la cible de 5 000 nouveaux immigrants britanniques par année est lancée, chiffre qui se retrouve aussi dans la stratégie provinciale de 2007 du gouvernement de Shawn Graham. Lors de cette conférence de 1912, un discours parallèle ou concurrent circule dans les milieux politiques et dans la presse. Il s'oppose au choix de recruter des immigrants au détriment de la population locale et se fait le défenseur du monde rural et agricole qui voit d'un mauvais œil la venue d'étrangers au Nouveau-Brunswick. Le gouvernement doit plutôt défendre « ses gens et ses communautés ». Un député provincial, Harry McLeod, demande au gouvernement de « faire tout ce qui était possible pour faire revenir nos propres citoyens qui étaient partis ailleurs, » plutôt que de « donner de l'argent aux immigrants venant des villes du vieux monde » [Compte rendu des débats de l'Assemblée législative de la province du Nouveau-Brunswick pour la session de 1912, p. 70][6]. Ce type d'argument caractérise la

---

4. Margaret Conrad et Heather Steel, « They Come and Go : Four Centuries of Immigration to New Brunswick », dans *Rendez-vous Immigration 2004*, sous la dir. de Hélène Destrempes et Joe Ruggeri, Policy Studies Centre-Centre Métropolis atlantique, Fredericton/Moncton, 2005, p. 107.
5. Ibid, p. 97.
6. Ibid, p. 99.

position gouvernementale hésitante ou prudente lorsque vient le temps de s'engager par rapport à l'immigration, de peur d'éveiller le mécontentement des natifs.

***

Le Nouveau-Brunswick a cependant connu une histoire traversée par la présence du migrant, que plusieurs chercheurs font remonter au récit fondateur des colonisations française et anglaise. Cette façon de voir les choses ne plait pas à tout le monde, car elle tend à réduire la colonisation française et britannique à une simple migration inscrite dans le paysage de la diversité canadienne. Avant la Confédération de 1867, plusieurs couches successives d'immigration sont passées par le Nouveau-Brunswick, certains de ces immigrants ne faisaient que transiter tandis que d'autres se fixaient plus durablement sur le territoire. On pense surtout aux loyalistes fuyant la Révolution américaine et au 10% environ d'Afro-américains esclaves et affranchis. De la fin du 18e et tout au long du 19e siècle, l'immigration au Nouveau-Brunswick se caractérise par son homogénéité, soit blanche, anglo-saxonne et chrétienne : les immigrants proviennent principalement de la Grande-Bretagne et des États-Unis attirés par des offres gouvernementales leur permettant d'acquérir des terres agricoles.

Ces immigrants d'origine protestante s'assimilent rapidement au paysage ethnique de la province. En revanche, les Irlandais catholiques auront plus de difficulté à s'intégrer et nombreux partiront aux États-Unis. La vague irlandaise caractérise bien le climat politique changeant du 19e siècle au Nouveau-Brunswick (1815-1867), marqué par des tensions religieuses et, parfois, à des confrontations violentes entre protestants et catholiques[7]. Au 20e siècle, d'autres groupes ethniques d'origine européenne comme les Allemands, les Hollandais et les Scandinaves viennent s'installer. Le petit village de New Denmark, fondé en 1872 par des immigrants danois, dans le nord-ouest de la province, illustre bien cette immigration

---

7. Consulter l'ouvrage passionnant de Scott See, *Riots in New Brunswick. Orange Nativism and Social Violence in the 1840s*, Toronto, University of Toronto Press, 1993.

européenne qui s'assimile rapidement au paysage rural de la région tout en gardant certaines traditions culturelles. Par ces noms danois inscrits sur les boites à lettres et son restaurant à l'insigne du Drakkar, ce village constitue une sorte de zone tampon entre Anglophones et Francophones[8]. Après la Seconde Guerre mondiale, la province accueille des immigrants hollandais qui se fondent également dans l'univers agricole. Une autre immigration, moins documentée, celle de marchands et de petits entrepreneurs du Moyen-Orient – Égyptiens, Libanais, Syriens – s'installera en milieu urbain, surtout à Saint-Jean, mais aussi dans d'autres endroits de la province.

Au début du 20e siècle, le dossier de l'immigration tombe sous la responsabilité du ministère de l'Agriculture, le gouvernement provincial portant peu d'intérêt à l'immigration à l'exception de certaines demandes susceptibles de répondre au malaise du monde rural et agricole, notamment la perte de fermes en raison de l'exode de la population vers les centres industriels du centre et des États américains de la Nouvelle-Angleterre. Durant les années 1960-1970, le dossier de l'immigration rejoint une conjoncture nationale nettement plus favorable au recrutement d'immigrants économiques. L'émancipation culturelle des années 1960, la modernisation de l'appareil gouvernemental et l'adoption de textes législatifs au niveau national (Loi sur les langues officielles de 1969, Loi sur le multiculturalisme de 1971, Loi sur l'immigration de 1976) transforment le paysage politique et social du Canada[9]. Au Nouveau-Brunswick, la victoire de Louis Joseph Robichaud insuffle un vent de changement sur la province qui connaitra, elle aussi, à sa manière, sa « révolution tranquille »[10]. Le programme *Chances égales pour tous*, la modernisation de l'appareil gouvernemental et l'adoption

---

8. Tristement, New Denmark connait le sort du monde rural confronté à l'exode des jeunes et au vieillissement de la population. En 2008, l'annonce de la fermeture de la seule école élémentaire fondée par les premiers immigrants danois a suscité de l'émotion.
9. Robert A. Vineberg, « Federal-Provincial Relations in Canadian Immigration », *Canadian Public Administration*, vol. 30, no. 2, 1987, p. 299-317.
10. Joël Belliveau et Frédéric Boily, « Deux révolutions tranquilles ? Transformations politiques et sociales au Québec et au Nouveau-Brunswick (1960-1967) », *Recherches sociographiques*, vol. 46, no. 1, 2005, p. 11-34.

de la Loi sur les langues officielles en 1968 font du Nouveau-Brunswick une province reconnue à travers le pays en tant que seule province bilingue du Canada. Ce processus d'ouverture va jouer également dans la capacité de s'afficher sur la scène internationale, notamment comme gouvernement membre de l'Organisation internationale de la Francophonie (1977). Cependant, comme l'indique Heather Steel dans une thèse forte intéressante, le gouvernement ne pousse pas beaucoup le dossier de l'immigration, l'effort étant beaucoup plus centré sur des questions internes que sur l'accueil de nouveaux immigrants[11].

Le développement de la capacité gouvernementale et bureaucratique permettra quand même une évolution du dossier de l'immigration qui chemine, en 1973, du ministère de l'Agriculture à celui du Travail. La province demeure peu active, mais « elle adhère aux grands principes de la politique canadienne sur l'immigration et reçoit chaque année des immigrants des trois catégories d'immigration : la famille, les réfugiés et les immigrants économiques »[12]. Même si certains hauts fonctionnaires souhaitent attirer des immigrants économiques et qualifiés, la conjoncture reste défavorable, compte tenu de la performance économique de la province. Faire la promotion de l'immigration quand les jeunes Néobrunswickois ne trouvent pas d'emploi et doivent quitter la province reste un exercice périlleux pour tout gouvernement qui espère garder le pouvoir. Cet hiatus entre exode des jeunes Néobrunswickois, en particulier des régions rurales, et dynamisation des flux d'immigrants, en particulier dans les milieux urbains, est une constante dans la définition des politiques de l'immigration au Nouveau-Brunswick.

Développements récents de la politique d'immigration provinciale : l'impulsion économique

Des années 1970 à tout récemment, le nombre d'immigrants par année au Nouveau-Brunswick tournait autour de 700 et 800 rési-

---

11. Heather Steel, *Immigration to New Brunswick, 1945-1971: A Study in Provincial Policy*, Thèse de maitrise, University of New Brunswick, 2004.
12. Micheline Doiron, « L'immigration internationale au Nouveau-Brunswick de 1970 à 1988 », *Égalité*, vol. 28, 1990, p. 78.

dents permanents, soit un pourcentage minime (0,7 %) par rapport aux territoires d'accueil comme l'Ontario, le Québec et l'Ouest canadien. De temps en temps, le nombre a augmenté légèrement par l'arrivée de réfugiés : déserteurs américains de la guerre du Vietnam, réfugiés indochinois et les « réfugiés de la mer » venus du Vietnam. Depuis une dizaine d'années, un peu plus d'immigrants choisissent le Nouveau-Brunswick, situation qui s'explique par un contexte nouveau et une action gouvernementale plus engagée.

Les années du gouvernement libéral de Franck McKenna (1985-1995) nous ramènent à cette image d'un premier ministre fougueux qui travaille à augmenter la valeur de sa province sur les marchés économiques, notamment l'espace nord-américain et la francophonie internationale[13]. Le gouvernement insiste surtout sur la capacité innovatrice d'une petite province, bien située et « branchée », à consolider des liens d'affaires avec l'étranger sans pour autant évoquer un recours à l'immigration. L'enjeu semble se limiter à attirer des capitaux et non des personnes. Un tournant important se produit à la fin de la décennie 1990 lorsque le gouvernement commence à identifier l'immigration comme une réponse au déclin démographique et au manque de main-d'œuvre dans différents secteurs de l'économie provinciale. La province se trouve confrontée à de nouvelles réalités économiques qui nécessitent des actions de promotion et de recrutement pour être en mesure d'attirer des travailleurs qualifiés. Comme la plupart des provinces canadiennes, elle négocie une entente avec le gouvernement fédéral pour un Programme des candidats de la province (PCP). Signée en 1999 et renouvelée en 2004, cette entente permet au gouvernement provincial de « jouer un rôle actif dans le choix d'immigrants afin de satisfaire des besoins précis en matière d'économie et de marché du travail »[14].

L'impulsion du PCP et les besoins spécifiques dans des secteurs de l'économie saisonnière comme la pêche et l'agriculture peuvent

---

13. Chedly Belkhodja et Roger J. Ouellette, « Louis J. Robichaud et Frank McKenna : deux axes de l'action du Nouveau-Brunswick au sein de la francophonie », dans *L'ère Louis J. Robichaud*, Actes du colloque, Institut canadien de recherche sur le développement régional, 2001, p. 115-126.
14. Secrétariat de la croissance démographique.

expliquer une croissance de l'immigration au Nouveau-Brunswick. Des 700 à 800 résidents permanents par année, le nombre a plus que doublé pour atteindre 1 859 personnes en 2008[15]. Depuis quelques années, une immigration temporaire arrive au Nouveau-Brunswick. De 2006 à 2010, le nombre de résidents temporaires admis par année (travailleurs étrangers et étudiants internationaux) est passé de 2 086 à 3 088. Les travailleurs saisonniers représentent une forme d'immigration plus malléable qui permet à des employeurs ayant des besoins en main-d'œuvre pour un temps bien déterminé. Croiser ces immigrants moins visibles, souvent des femmes, comme les Jamaïcaines venues éplucher du homard dans les usines du sud-est du Nouveau-Brunswick ou les Mexicains employés à la cueillette des fruits, se produit rarement. En raison de leur statut et de leur dépendance à leur employeur responsable de leur séjour, leur mobilité demeure assez réduite. Cette catégorie temporaire ne se limite plus à la seule représentation du travailleur saisonnier moins qualifié. Elle caractérise de plus en plus une immigration de personnes qualifiées, notamment les professionnels de la santé (médecins et infirmières) en forte demande partout dans la province. Dans ce cas, le statut de temporaire devient un moyen d'entrer dans le système canadien d'immigration, nettement plus avantageux pour les immigrants en demande qui passent rapidement dans la catégorie des permanents.

Sous le mandat du parti conservateur, dirigé par Bernard Lord (1999-2005), le dossier de l'immigration a souvent été abordé, mais il faut attendre le retour des Libéraux au pouvoir en 2005 pour voir le projet se finaliser autour d'une politique et d'une structure gouvernementales. Dans son *Plan d'action vers l'autosuffisance du Nouveau-Brunswick*, publié le 23 novembre 2007, le gouvernement de Shawn Graham affirme que l'immigration doit dynamiser la croissance démographique de la province, sérieusement menacée par le vieillissement de la population, la faible natalité et l'exode des jeunes. Dans ce contexte, l'immigration devient une priorité économique du gouvernement. Il s'engage à attirer des immigrants qualifiés, à mieux les intégrer par un soutien aux structures d'établissement et il espère ainsi en retenir un plus grand

---

15. Citoyenneté et Immigration Canada, *Faits et chiffres*, 2010.

nombre. En créant le Secrétariat de la croissance démographique, la province se fixe des objectifs ambitieux, soit l'atteinte d'une cible de 5 000 personnes par année d'ici 2015 et l'augmentation du taux de rétention des immigrants de 60 % à 80 %[16]. Par son statut d'être la seule province officiellement bilingue au Canada, le Nouveau-Brunswick joue également la carte de l'immigration francophone et s'engage au renforcement des capacités d'accueil et d'établissement des immigrants de langue française au sein des communautés francophones de la province. À ce titre, le gouvernement provincial a obtenu un financement assez spectaculaire de 10 millions de dollars spécifiquement pour le dossier francophone. Cette décision résulte des recommandations de l'ancien premier ministre Bernard Lord, chargé par le gouvernement fédéral de réfléchir à l'avenir des langues officielles et dont le rapport fera beaucoup de jaloux au sein de la francophonie canadienne. En la matière, le défi reste entier puisque très peu d'immigrants francophones choisissent le Nouveau-Brunswick.

En 2006, la stratégie provinciale se précise avec la décision de créer une structure gouvernementale chargée du dossier de l'immigration. Elle verra finalement le jour en avril 2007 sous le nom de Secrétariat de la croissance démographique, structure qui tombe sous la seule autorité du ministre d'Entreprises Nouveau-Brunswick. Contrairement à la Nouvelle-Écosse et à Terre-Neuve, qui choisissent des structures strictement responsables de l'immigration, le Nouveau-Brunswick propose un cadre institutionnel autour de la croissance démographique, manière plus prudente de ne pas trop faire de vagues en ce qui concerne l'immigration. En l'espace de quelques années, le secrétariat augmente sa capacité gouvernementale de façon assez impressionnante : plus de 40 personnes se répartissent entre deux branches principales, soit le rapatriement et l'immigration. Cette division prête à la confusion et donne parfois l'impression que les deux stratégies travaillent l'une contre l'autre, surtout lorsque la province part à la recherche de « ces gens du Nouveau-Brunswick », brebis égarées dans les autres provinces,

---

16. Gouvernement du Nouveau-Brunswick, *Soyez notre avenir. Stratégie de croissance démographique du Nouveau-Brunswick*, Secrétariat de la croissance démographique, 2007.

et que le message qui passe souvent dans les médias est celui du rapatriement des jeunes Néobrunswickois, comme a pu l'illustrer un concours pour faire « revenir chez soi » des gens du Nouveau-Brunswick[17].

Durant l'été 2007, la province organise des consultations publiques en vue d'établir une stratégie en matière de croissance démographique[18]. Une quarantaine de mémoires présentés par des organismes et une centaine de commentaires individuels donnent un aperçu intéressant du nouveau contexte provincial concernant les enjeux de repopulation. À priori, les Néobrunswickois encouragent le gouvernement à prendre des mesures pour remédier au déclin démographique. Les organismes concernés par l'immigration insistent sur l'importance de mieux appuyer les efforts concernant l'accueil et l'intégration. En revanche, les lettres envoyées mentionnent peu l'immigration comme un moyen de dynamiser la province. On aborde plutôt les autres composantes de la stratégie provinciale, soit le rapatriement des gens de la province partis en Ontario et en Alberta et la mise sur pied d'une politique familiale pouvant encourager les naissances au N.-B. Certaines lettres nous sont apparues symptomatiques d'un thème assez récurrent de la vie politique, à savoir la perception pour certains anglophones que le bilinguisme officiel pousse des jeunes Néobrunswickois qualifiés, mais unilingues, vers d'autres provinces. Tout comme le bilinguisme, l'immigration porterait atteinte aux intérêts de la majorité anglophone :

The number one problem that I've seen and people that I've spoken to appears to be the bilingual issue. If you are not bilingual in the Province you are going to have a difficult time landing a good paying position in this Province (July 7, 2008).

While I think the bilingualism gives us some benefit I think it hurts us too. It's almost impossible to get a decent job without being

---

17. Le 7 mai 2010, Shawn Graham et Donald Arsenault, ministre responsable de la croissance démographique, posent fièrement avec une jeune famille néobrunswickoise revenue au bercail.
18. Gouvernement du Nouveau-Brunswick, *C'est le temps d'agir. Élaborer la stratégie de croissance démographique du Nouveau-Brunswick*, Secrétariat de la croissance démographique, 2007.

bilingual and that is just going to get more and more difficult (August 2, 2007).

It seems the Federal and Provincial governments do not welcome nor do anything to promote helping the English speaking residents of New Brunswick. No wonder that we want to leave (August 3, 2007) [19].

En novembre 2007, le gouvernement du Nouveau-Brunswick dévoile enfin sa stratégie provinciale *Soyez notre avenir*[20]. Quatre grands objectifs de cette politique tentent d'agencer le défi du retour des jeunes Néobrunswickois à celui d'une immigration dynamique et durable et d'une politique favorable aux familles. D'ici l'année 2015, la province entend attirer au moins 5 000 immigrants, principalement par le Programme des candidats provinciaux (PCP). L'atteinte de cette cible nécessite d'augmenter considérablement les capacités sur le plan du recrutement. La préférence vers des destinations connues, campagnes ciblées et salons d'immigration en Europe et en Asie, définit l'action du gouvernement. Une communauté en particulier caractérise bien les efforts récents de recrutement d'une nouvelle immigration économique, soit l'immigration coréenne.

Depuis 2006, la Corée du Sud figure au premier rang parmi les trois plus grandes sources d'immigrants pour les villes de Saint-Jean, Moncton et Fredericton. Cette apparition soudaine des Coréens présente tout un changement dans la provenance classique des immigrants au Nouveau-Brunswick. Le gouvernement provincial a beaucoup travaillé le marché coréen, la grande majorité de ces nouveaux immigrants arrivant dans les grands centres urbains par le biais du Programme des candidats de la province (PCP). Avec ma collègue Ann Kim, sociologue à l'Université York à Toronto, nous avons cherché à mieux comprendre le choix de cette destination si éloignée du pays d'origine[21]. À Moncton, je me suis toujours

---

19. Lettres soumises lors des consultations du Secrétariat de la croissance démographique en vue de l'adoption d'une stratégie provinciale.
20. Gouvernement du Nouveau-Brunswick, *Soyez notre avenir*, Secrétariat de la croissance démographique, 2009.
21. Ann Kim et Chedly Belkhodja, « Emerging Gateways in the Atlantic: The Institutional and Family Context of Korean Migration to New Brunswick »,

demandé d'où venaient ces nouveaux Asiatiques qui apparaissent le plus souvent derrière les comptoirs des dépanneurs.

L'immigration coréenne au Nouveau-Brunswick est un exemple de la nouvelle mobilité migratoire de certains individus en mesure de venir au Canada par le PCP d'une province. C'est une histoire de mobilité assez simple permettant à tout le monde d'y trouver son compte. D'une part, une province travaille à attirer des immigrants économiques en mesure d'investir rapidement un capital et elle élabore une stratégie d'attraction et de recrutement. La province et les villes ont choisi la destination sud-coréenne à partir d'un plan d'affaires bien ciblé, visant surtout les familles désireuses de quitter un système éducatif contraignant et extrêmement compétitif. D'autre part, des individus captent ces offres et décident de quitter le pays d'origine afin de profiter de nouvelles opportunités économiques et familiales. Au Nouveau-Brunswick, ces familles coréennes ne passent pas inaperçues dans l'espace urbain des trois villes. Elles investissent beaucoup d'argent par l'achat de commerces : dépanneurs, motels, postes d'essence, buanderie, etc., et des maisons luxueuses dans certains quartiers résidentiels. Les enfants intègrent le système scolaire anglophone, lui donnant une nouvelle dynamique identitaire. Enfin, cette population se structure beaucoup par l'entremise du réseau religieux, intégrant les grandes églises protestantes ou créant de petites dénominations religieuses qui provoquent souvent des tensions au sein des communautés en raison de cette tendance à se diviser par un esprit compétitif. Toronto, là où résident le plus grand nombre de Coréens, compte plus de 500 églises coréennes. La plupart des personnes que nous avons interrogées indiquent que l'enjeu crucial demeure celui d'une bonne intégration économique, mais plusieurs ont exprimé le sentiment d'avoir été flouées par le gouvernement qui les a attirées pour en faire en quelque sorte des vaches à lait au profit de petits entrepreneurs locaux prêts à vendre des commerces au prix fort. Dans un contexte économique provincial difficile, on restreint les Coréens à devenir leur propre employeur au lieu de favoriser leur intégration à la vie profession-

dans *Korean Immigrants in Canada: Perspectives on Migration, Integration and the Family*. Samuel Noh, Ann H. Kim and Marianne S. Noh (éd.), Toronto, University of Toronto Press, à paraitre.

nelle, ce qui constitue un défi de taille pour des individus n'ayant pas une expérience en affaires. Ce n'est pas toujours évident lorsque le type d'emploi se limite à la restauration ethnique et à des petits dépanneurs dans des zones urbaines en déclin.

Lors de nos entretiens avec les principaux intervenants locaux en matière d'immigration, nous avons été surpris par la manière dont ces derniers considèrent cette immigration comme étant idéale pour la province. Les Coréens ne font pas trop de vagues. Ils n'arrivent pas les mains vides, mais plutôt pleines, ce qui leur permet d'investir. Ils ne revendiquent pas autant que d'autres immigrants et ne demandent pas autant de services comme les réfugiés. Ils souhaitent avant tout s'intégrer à la société canadienne, à se fondre avec leurs familles dans la vie de tous les jours, à donner à leurs enfants une éducation nord-américaine beaucoup moins stressante qu'en Corée du Sud.

Un autre argument concerne la dimension religieuse qui, selon les intervenants, place les Coréens dans une situation plus avantageuse que des immigrants d'autres religions. Les Coréens ne représentent pas une menace pour l'équilibre religieux, car ils cadrent bien avec des milieux anglophones protestants plus pratiquants. Je trouve ici une comparaison intéressante avec le concept d'ethnicité silencieuse proposée par le sociologue néobrunswickois d'origine hollandaise, Will van den Hoonaard, qui montre bien comment une certaine immigration européenne s'inscrit paisiblement dans le paysage homogénéisant du Nouveau-Brunswick[22]. La lecture de certaines lettres et de certains commentaires dans les journaux anglophones dévoile cependant des réactions de personnes qui ne comprennent pas toujours les raisons de faire la promotion de l'immigration au Nouveau-Brunswick sur le dos des jeunes anglophones obligés de quitter la province[23]. Étrangement, on glisse encore vers une interprétation négative de la culture bilingue de la province.

---

22. Will C. van den Hoonaard, *Silent Ethnicity: The Dutch of New Brunswick*, Fredericton, New Ireland Press, 1991.
23. CBC News, « Immigrants using N.B. as stepping-stone to other parts of Canada », 13 août 2008 (www.cbc.ca/canada/new-brunswick/story/.../nb-koreans.html)

Le recrutement et les critères de sélection des immigrants demeurent des enjeux sensibles. Lors du lancement de la stratégie provinciale à Moncton, le 5 février 2008, le tout débute alors très mal pour le ministre responsable, Greg Byrne. Dans le document *Soyez notre avenir*, dévoilé aux médias et aux principaux acteurs de l'immigration, le gouvernement provincial souligne que ses efforts de recrutement en matière d'immigration francophone cibleront l'Europe de l'Ouest et les pays du Maghreb. Étrangement, la phrase se termine là, laissant de côté l'Afrique noire subsaharienne, bassin francophone considérable et lié au Nouveau-Brunswick par la francophonie internationale depuis les années 1960. Cette bourde a de quoi surprendre étant donné que plusieurs communautés immigrantes, réfugiés des Grands Lacs, du Rwanda et du Cameroun et de nombreux étudiants africains de l'Université de Moncton, forment une part importante de l'immigration francophone[24]. La déception sera forte chez les intervenants et provoque des réactions rapides dans les médias[25]. Penaud, le gouvernement fera ses excuses et imprimera de nouveaux exemplaires de son document.

En fait, cette affaire ne dit pas tout, car dans l'optique de rechercher le «meilleur immigrant», les pratiques de la sélection ne reposent pas toujours sur des aspects connus, tel le niveau de qualification, mais aussi sur des principes non dits autour de la provenance géographique. Au nom d'une certaine compatibilité de race et de religion, on évite des régions, on exploite des filons, surtout dans les pays développés. On préfère se diriger dans les salons d'immigration en Europe, voire faire quelques explorations des pays tampons comme la Tunisie, le Maroc et la Roumanie, mais on ne veut pas trop s'aventurer dans des ambassades du Sud, comme celle d'Abidjan en Côte d'Ivoire. La nouvelle réalité de l'immigration donne aux provinces des capacités nouvelles à pousser la logique de la sélection vers cette recherche de l'immigrant qui pourra le mieux s'intégrer à un tissu social homogène qui, pour certains immigrants

---

24. Jessica Ébacher, «Une partie de l'Afrique francophone ignorée», *L'Acadie Nouvelle*, 6 février 2008, p. 2.
25. Gilles Duval, «Immigration francophone : la sincérité du gouvernement remise en question», *L'Acadie Nouvelle*, jeudi 14 février 2008, p. 5.

européens, représente l'image d'un lieu idyllique fait de nature et de pureté sans la présence de trop d'immigrants[26].

Un autre élément de la stratégie provinciale insiste sur le principe de travailler avec toutes les communautés qui désirent faire de l'immigration un enjeu du développement des régions. La prémisse qui soutient cette vision serait que l'immigration ne doit pas se limiter aux principales villes de la province, mais peut également servir au développement des plus petites communautés et au monde rural. Ce raisonnement me semble plutôt de nature politique surtout dans une province où le caractère de la ruralité reste très présent au niveau politique et identitaire, aspect qui signifie que l'immigration ne doit pas avantager les milieux urbains au profit de la ruralité. Oser dire que l'immigration risque de mieux fonctionner en milieu urbain en raison du facteur de la masse critique provoque des réactions assez catégoriques. Dans cette dynamique de développement, tout le monde doit avoir sa part ! Pour y arriver, la province propose de régionaliser les services de l'immigration en créant des centres de ressources pour les nouveaux arrivants, même si ces derniers ne sont pas vraiment présents. L'important, c'est de construire la maison avant que les occupants s'y installent. Dans ce jeu, tout le monde peut embarquer, car les ressources servent à développer des infrastructures d'accueil et à sensibiliser les communautés sans pour autant penser aux réels besoins des immigrants. Dans le contexte de la ruralité, deux expériences néobrunswickoises très différentes peuvent illustrer les défis de ce type de stratégie.

À Saint-Léonard, petit village francophone du nord-ouest du Nouveau-Brunswick, le projet du Carrefour d'immigration rurale (CIR) a constitué une initiative communautaire assez innovatrice.

---

26. Une étude fort intéressante du sociologue David Flynt de l'Université Saint-Mary's à Halifax fait le profil de ces immigrants allemands et néerlandais, convertis à l'univers *gentleman farmer*, qui décident de quitter leur pays pour s'installer dans le comté de Colchester en Nouvelle-Écosse. Il les qualifie de « puristes » qui aspirent à une nouvelle vie. David Flynt, *Rural Immigrants Who Come to Stay: A case study of recent immigrants to Colchester County, Nova Scotia,* Working Paper Series, Atlantic Metropolis Center, 2006.

Le CIR se voulait un modèle quant à l'attraction, à l'accueil et à l'intégration des immigrants en milieu rural selon une approche holistique impliquant l'ensemble des acteurs communautaires. À son origine, le projet a été porté par Jacques Lapointe, un père franciscain originaire de Saint-Léonard, plein de bonne volonté, qui vivait dans la région de Washington D.C. Le père Lapointe a convaincu les autorités municipales et provinciales de l'importance de recourir à l'immigration pour contrer le dépeuplement de sa région. En 2001, on évoqua alors la possibilité de mettre sur pied un centre destiné à l'accueil des immigrants. On identifie des commerces pouvant être repris par des familles de réfugiés, notamment une famille rwandaise qui aura la tâche de relancer un petit magasin général nommé Africadie. En 2005, avec l'ouverture du CIR financé largement par le Secrétariat rural du Canada, la ville de Saint-Léonard s'est dotée d'outils pour préparer le terrain de la diversité culturelle au sein de sa communauté. Mais on déchante rapidement, car la présence du CIR ne permet pas de renverser la réalité de la très faible capacité d'attraction d'un petit milieu pour des immigrants francophones. L'isolement et l'absence de communautés immigrantes dans la région expliquent aussi les difficultés à retenir des immigrants attirés par les plus grandes villes. Un certain succès du projet peut se mesurer dans le travail de sensibilisation d'une communauté rurale moins exposée à la diversité, à faire connaitre l'enjeu de l'immigration, de lui donner une place dans divers lieux et de le sortir de sa stricte dimension locale. En revanche, croire que l'immigration puisse offrir des solutions demeure une illusion dangereuse, car dans l'euphorie du moment, les gouvernements se laissent parfois séduire par des initiatives économiques portées par ces fameux « champions » ou *leaders* célébrés partout. Parfois les champions dérapent : je les vois comme des individus « exaltés » et bien dynamiques qui tirent leur légitimité d'une source autre que démocratique. Les histoires ne manquent pas pour illustrer une forme de privatisation des projets d'immigration en milieu rural menés par des gens d'affaires ou des religieux. En invitant à la participation citoyenne, les gouvernements ne doivent pas oublier que leur désengagement des affaires publiques laisse à des individus beaucoup de place dans la façon de gérer des enjeux de société. Je dis tout simplement qu'il faut questionner la légitimité de ces personnes qui, parfois, sortent d'un cadre démocratique et citoyen, surtout si certaines situations dégénèrent avec des abus et des conflits. À Saint-Leonard, des employés du CIR ont porté plainte contre le père Lapointe pour harcèlement psychologique[27].

Plus au sud, le village de Florenceville s'est approprié l'immigration non par une initiative citoyenne, mais par l'engagement du secteur privé à recruter de nouveaux employés en provenance de pays étrangers pour répondre aux besoins de main-d'œuvre. Le succès d'une telle entreprise se mesure principalement par la capacité de création d'emplois dans un milieu rural. Évidemment, la multinationale McCain a joué un rôle prépondérant à la croissance démographique du village et à la création d'une communauté ethnoculturelle à l'extérieur des grands centres urbains de la province. Dans la *French Fry Capital of The World*, l'usine McCain de Florenceville compte environ 260 employés dont nombreux ont été recrutés de l'étranger comme techniciens et informaticiens. Ainsi, on dénombre une trentaine de nationalités d'origine différentes parmi les habitants de la municipalité. Selon le recensement de 2006, la population du village de Florenceville a augmenté dans les cinq dernières années de 808 à 860, soit une variation de 6,4 % tandis que la province a vu sa population diminuer de 0,1 %. Devant cette présence de l'immigration, l'association *Multicultural Association of Carleton County* a vu le jour en 2001. Elle poursuit plusieurs objectifs classiques de l'accueil et de l'intégration, notamment l'offre de services aux nouveaux arrivants. Elle doit cependant rapprocher les communautés et favoriser les échanges entre les personnes issues des communautés ethnoculturelles présentes à Florenceville.

**

L'immigration dans une petite province reste un défi de taille compte tenu du faible nombre d'immigrants, de la faible attraction du lieu, de la compétition entre les provinces et du manque de savoir-faire de la population locale face à une diversité culturelle qui représente, somme toute, un phénomène nouveau. Depuis le début, l'immigration a pu se résumer à une population qui tend à s'assimiler rapidement au tissu local, sans que cette intégration fasse l'objet d'un investissement particulier de la part de la société locale.

---

27. Société Radio-Canada, *Direction controversée*, 28 juin 2006.

Cette diversité silencieuse ne cherche pas à faire trop de bruit et ne souhaite pas nécessairement être identifiée en tant que minorité ethnoculturelle. Elle maintient certains traits culturels : musique, danse et nourriture, qui cadrent bien avec une image multiculturelle plus douce, voulue par la province. C'est ce type de diversité qui plait au Nouveau-Brunswick.

Mais depuis quelques années les paradigmes de l'immigration ont changé. Il apparait désormais indispensable, aux gouvernements comme aux acteurs impliqués, qu'un accompagnement encadre le processus d'insertion des nouveaux arrivants, et que cet encadrement conduise également la société d'accueil à aménager une place plus importante à une diversité culturelle pleinement reconnue comme un fondement de la société acadienne et néobrunswickoise. Il ne s'agit plus de vouloir l'assimilation de l'immigrant, mais de reconnaitre son insertion dans le cadre du quotidien. C'est donc d'une véritable culture de l'accueil et de l'intégration que nous avons besoin au Nouveau-Brunswick, dynamique qui demandera des actions concrètes, mais aussi une autre manière de considérer l'apport de l'immigrant.

Chapitre 4

TOUT LE MONDE EN VEUT, DES IMMIGRANTS... SURTOUT DES ÉTUDIANTS ÉTRANGERS!

Vouloir les « meilleurs immigrants » incite un pays comme le Canada à constamment se démarquer des autres, à innover dans ses politiques et à faire la promotion de ses destinations à l'étranger. Rien de très nouveau si on pense à ce qui se faisait au début du siècle avec les fameuses campagnes de recrutement du gouvernement fédéral en Europe de l'Ouest[1]. De nos jours, la nouveauté se remarque dans l'atmosphère de compétition accrue entre un nombre plus important de joueurs impliqués dans le dossier et à une rivalité entre les territoires de l'immigration. Le train passe toujours avec toutes ces mains qui tentent de s'arracher les immigrants désirables.

Examinons la réalité du « tout le monde en veut des immigrants » par le cas des étudiants étrangers qui illustre bien l'importance de nouvelles mobilités migratoires de nature économique dans la problématique générale de l'immigration[2]. Depuis une dizaine d'années, les politiques nationales ont rapidement évolué vers un rapprochement de plus en plus évident entre les étudiants étrangers, l'internationalisation de l'éducation et l'immigration. Pendant longtemps, le fait d'étudier à l'étranger prenait la signification d'un projet de nature académique et personnel sans véritable intention de rester dans le pays d'accueil, à l'image d'une mobilité touristique de passage, les études à l'étranger permettant à des jeunes de construire leur identité et d'en faire profiter par la suite leur pays d'origine. C'est toujours le cas pour le programme européen Erasmus qui, en créant une zone de mobilité étudiante, participe à la création d'une

---

1. Je fais référence aux campagnes de promotion agressives de Clifford Sifton, ministre de l'Intérieur sous le gouvernement Laurier.
2. Je tiens à souligner la contribution de deux anciens étudiants de l'Université de Moncton, Myriam Beaudry et Mathieu Wade, qui ont participé à diverses étapes de la recherche.

personnalité européenne. À une époque, les universités valorisaient aussi une éthique du développement Nord-Sud et de la coopération avec les pays du Sud afin d'éviter une fuite des cerveaux. Enfin, une distance existait entre le statut de l'étudiant et le processus d'immigration, obligeant ce dernier à rentrer dans son pays d'origine pour déposer une demande de visa de résidence. La situation a considérablement changé en raison d'un ajustement des politiques, du rôle des universités comme des agents de recrutement et du climat de compétition qui existe entre les pays pour attirer des travailleurs qualifiés. L'étudiant constitue une denrée à capter et à fixer dans un milieu qui espère s'épanouir par sa présence. Il devient notre meilleur immigrant.

Au Canada, tout semble mis en oeuvre pour garder l'étudiant. Au cours des dix dernières années, l'évolution des politiques concernant les étudiants étrangers s'oriente vers la transition à une intégration à la culture du travail, pendant et après les études, et les encourage de s'établir à long terme. D'une ressource ponctuelle et transitoire, les étudiants internationaux deviennent une catégorie d'immigrants très fortement ciblés par le gouvernement canadien et les provinces. Dans nombreux discours, plusieurs arguments rappellent les avantages de recruter les étudiants, dont certaines dans le contexte de la régionalisation de l'immigration.

En tant qu'immigrants potentiels, les étudiants étrangers sont jeunes et considérés comme une solution aux problèmes de dénatalité et du vieillissement de la population, notamment dans les régions confrontées à un exode de la population active vers les grands centres.

Les étudiants qui obtiennent un diplôme dans le pays d'accueil ont cette capacité d'intégrer plus facilement le marché du travail. Au critère du diplôme canadien vient s'ajouter l'importance d'acquérir une expérience de travail durant les études, faisant ainsi des étudiants des individus mieux adaptés à la culture professionnelle et linguistique de leur milieu. Cet argument joue beaucoup dans les plus petits milieux où l'intégration économique des immigrants qualifiés se heurte à une certaine fermeture du monde économique, à l'idée d'embaucher une main-d'œuvre formée à l'étranger. Le fait de favoriser plus ouvertement la catégorie des étudiants a également un lien direct à la question complexe de la reconnaissance des diplômes et des acquis des immigrants qualifiés. Pour certains, les étudiants étrangers deviennent la solution au déclassement professionnel des immigrants qualifiés, phénomène observé au Canada.

Ensuite, les étudiants étrangers sont présentés comme des acteurs pouvant augmenter la compétitivité économique et la créativité de leur communauté d'accueil, devenant des agents de développement au service d'une économie régionale qui vise à s'inscrire dans un marché global plus compétitif, notamment vers des secteurs économiques de pointe : nouvelles technologies, centres d'appel, services, etc. Dans cet environnement, l'université cherche à faire le lien entre l'apport de nouvelles connaissances et le développement économique régional par l'intégration d'une population jeune, éduquée et diversifiée.

La présence de ces étudiants est souvent vue comme un élément dynamique pouvant faire évoluer des petits milieux homogènes vers la diversité culturelle et l'internationalisation. Ce type d'argument s'entend souvent dans le milieu universitaire qui, par la présence des étrangers, se dévoile comme le lieu de cette diversité cosmopolite pouvant profiter à une population étudiante locale moins sensibilisée aux cultures du monde, mais aussi en devenant une sorte d'incubateur de la diversité permettant l'intégration et l'acculturation d'une population étrangère à la communauté d'accueil. Les universités sortent de leur territoire (le campus) pour véritablement s'inviter dans l'espace économique et culturel de certaines petites villes.

Enfin, il ne faut pas négliger un argument de nature économique derrière l'attraction des étudiants étrangers, qui payent des frais de scolarité nettement supérieurs aux étudiants canadiens. La rentabilité de l'internationalisation pousse les petites universités à tenter leur chance sur ce marché lucratif qui permet d'accéder à une source de financement externe. En fait, dans ce type de stratégie, tout le monde y trouve son compte.

En misant beaucoup sur l'internationalisation de l'éducation, les universités ne se limitent plus au recrutement et à l'intégration des étudiants dans le milieu universitaire, mais s'intéressent à la problématique de la rétention des diplômés dans des milieux en manque de main-d'œuvre qualifiée. Comme nous le verrons avec le cas de l'Université de Moncton, les universités mettent en place des moyens et des services pouvant répondre à cette nouvelle réalité de l'immigration. D'une part, l'Université insiste sur son rôle dans le développement économique et l'établissement de liens avec les autres intervenants en matière d'immigration: gouvernements, municipalités et acteurs économiques. D'autre part, elle exploite le fait qu'étant un lieu plus diversifié que la ville, le campus constitue un terrain idéal pour comprendre de nouvelles dynamiques identitaires dans des milieux caractérisés par un faible nombre d'immigrants et une population locale plus homogène, et pour permettre surtout l'acculturation des étrangers à la vie canadienne.

***

Fondée en 1963, l'Université de Moncton est la plus grande université francophone à l'extérieur du Québec. Ayant comme première mission d'œuvrer à la cause du peuple acadien, elle a, au fil des années, fait évoluer son image vers une petite université ouverte à la francophonie canadienne et internationale. Elle compte aujourd'hui environ 5 000 étudiants, la majorité au premier cycle, dont plus de 500 proviennent de l'étranger. Entre 2002 et 2008, la proportion d'étudiants étrangers inscrits à l'Université de Moncton a plus que doublé, dépassant les 10 % des effectifs. C'est assez spectaculaire si l'on considère qu'au début des années 1980, une minime présence étrangère, surtout libanaise, tunisienne et marocaine, passait par Moncton sans penser à y rester. Depuis, une nouvelle diversité est apparue dans le paysage, plus africaine : malienne, burkinabé, guinéenne, etc. Le fait nouveau, c'est que l'étudiant étranger commence à s'inscrire plus durablement dans le tissu universitaire et urbain de Moncton. Deux facteurs peuvent expliquer cette visibilité.

Comme seule institution postsecondaire francophone au Nouveau-Brunswick, l'Université de Moncton opère dans un contexte assez favorable. Elle attire une clientèle internationale des pays de la Francophonie tandis que les universités anglophones accueillent principalement des étudiants de la Chine, des États-Unis, de l'Inde et du Pakistan. Elle se distingue des universités du Québec en offrant certains avantages, notamment des frais de scolarité moins élevés et une réalité du bilinguisme officiel qui permet l'apprentissage de la langue anglaise. Au début des années 1990, l'Université adopte une stratégie visant à contribuer à l'épanouissement de la francophonie canadienne, mais également à prendre un plus grand rôle au sein de la francophonie internationale. Pendant la période McKenna (1987-1997), elle établit des ententes avec certains pays africains membres de la Francophonie, stratégie qui permettra de faire connaitre cette destination. La tenue du 11e Sommet de la Francophonie à Moncton, en septembre 1999, constitue un moment clé dans les efforts de mise en valeur de l'institution acadienne.

Des structures viennent également appuyer le processus d'internationalisation qui consiste surtout à développer la capacité de recrutement et d'accueil des étudiants étrangers. Dans un contexte de diminution des inscriptions locales, le recrutement à l'étranger devient un élément crucial du développement de la capacité universitaire à l'échelle locale ou à l'international. En 2002, l'Université de Moncton crée un poste à temps plein pour l'embauche d'un responsable du recrutement international. De façon classique, le recrutement se fait par un consultant partant en tournée dans différents pays. Or, l'Université de Moncton fait preuve d'innovation en la matière en embauchant des diplômés internationaux pour les envoyer recruter dans leur pays d'origine. Officiellement appelés des «ambassadeurs», ils se déplacent au pays à la rencontre des futurs étudiants, parents, directeurs d'école, personnel d'ambassade. L'université considère qu'il s'agit d'une approche de proximité fournissant un service personnalisé aux futurs étudiants. Le consultant professionnel peut paraitre distant et vieux jeu tandis que l'ancien étudiant sait engager la discussion avec des jeunes de son pays. Il connait bien les deux terrains. Il sait comment parler aux parents souvent inquiets à l'idée d'envoyer leur fils ou leur fille si loin.

À en juger par l'augmentation importante des étudiants étrangers à l'Université de Moncton, il semble que la stratégie de recrutement fonctionne à merveille. La très grande majorité des étudiants internationaux proviennent des 17 pays où des ambassadeurs œuvrent sur le terrain. En 2008, Haïti, la Tunisie, le Maroc et la Guinée forment la tête du peloton. Certains recruteurs font preuve de dynamisme opérant au pays comme des entrepreneurs privés. Il existe aussi des contextes qui évoluent rapidement, comme celui de Haïti, pouvant expliquer cette augmentation soudaine par la détérioration du climat social et politique incitant des parents de trouver un moyen de faire sortir les enfants du pays. Les jeunes voient aussi la possibilité de travailler durant leurs études et ainsi de venir en aide à leur famille. Par contre, on ne sait pas trop ce qui se dit concernant les techniques de recrutement et les conséquences de cette « privatisation » du recrutement. Selon des entretiens effectués, les trois principaux arguments mis de l'avant par les recruteurs sont la petite taille de l'université qui permet des rapports plus conviviaux entre étudiants et professeurs, la culture bilingue de la ville qui donne aux étudiants la possibilité d'apprendre l'anglais tout en étudiant en français, et le cout de la vie plus abordable à Moncton qu'à Montréal ou qu'aux États-Unis. Les recruteurs doivent convaincre les étudiants d'aller étudier dans une petite université dans un coin relativement inconnu du Canada. Ils doivent garantir aux parents que cet investissement sera rentable et que leur enfant sera en sécurité. Par le travail de persuasion des recruteurs, l'Université de Moncton exploite cette image de paisible destination en Amérique du Nord.

En matière de recrutement, la stratégie de l'Université de Moncton répond au rôle croissant que jouent les universités dans le dossier de l'immigration, notamment par l'attraction d'immigrants potentiels. Elle joue parfaitement le jeu de l'innovation en matière de stratégies de recrutement d'une clientèle désirable. Cette logique du recrutement m'amène néanmoins à me poser certaines questions qui mettent en doute l'harmonie apparente de l'immigration. Par rapport à la logique même du recrutement, on peut se demander s'il existe une limite à vouloir attirer toujours plus d'étudiants de l'étranger. Existe-t-il un seuil à ne pas dépasser ? Dans cette frénésie à vouloir atteindre des cibles, voire à les doubler dans les prochaines années, j'ai cette impression que l'Afrique serait un vivier à exploiter, un puits sans fond à vider de sa jeunesse. Il faut le dire, le puits est profond au point d'engager plus de ressources sur le recrutement que sur le volet de l'intégration, surtout si l'on se limite à la dimension d'un revenu additionnel que ces étudiants apportent à l'institution. En me mettant dans la peau d'un recruteur, je me questionne aussi par rapport à cette profession. Que fait vraiment le recruteur ? Il circule beaucoup plus, se déplaçant plusieurs fois par année au pays. Il s'inscrit dans le schéma migratoire de la circularité, faisant des affaires ici et là-bas, au pays.

Comme un berger, il surveille son troupeau et s'assure qu'il soit heureux dans une petite ville, il faut le dire, assez ennuyante par rapport au rythme nocturne de Montréal. Il s'active surtout pour éviter de perdre sa prime, car l'étudiant qui quitte Moncton avant d'avoir payé ses frais de scolarité constitue un investissement perdu. Dans tout ceci, ce qui peut choquer, c'est la manière dont ces recruteurs deviennent des marchands rémunérés, selon le nombre d'étudiants recrutés, avec possibilité d'un bonus si un quota est atteint. En les suivant, j'ai pu remarquer que certains de ces jeunes se sentent fragilisés dans leur propre processus d'intégration. Ils vivent le stress du rendement. Ils éprouvent un autre regard de leur propre communauté. Ils n'ont pas de sécurité d'emploi et doivent assumer de nombreux frais. Certains combinent des emplois ou cherchent tout simplement à se trouver un meilleur emploi.

L'intégration de la différence

Savoir intégrer la différence devient un enjeu plus présent dans le monde des universités qui doivent s'ajuster à une nouvelle clientèle. L'accommodation des différences ne date pas d'aujourd'hui. Au fil des années, une évolution se produit autour de certaines réalités sociologiques, soit la reconnaissance de l'égalité des sexes, l'orientation sexuelle et l'accessibilité aux personnes handicapées. Récemment, les questions de diversité religieuse et culturelle constituent une autre étape dans la gestion des différences. Dans le contexte francophone, ces questions occupent plus de place dans la mesure où une population étudiante provient des pays en développement et surtout de confession musulmane. À l'Université de Moncton, l'intégration des étudiants étrangers a nécessité un éveil à la diversité et un ajustement au principe de l'accompagnement. Comme la plupart des universités, l'institution offre une gamme de services en évoquant, encore une fois, le principe de la proximité en matière d'accueil, d'adaptation et d'intégration aux études et à la vie étudiante. À Moncton, l'accueil se fait de manière très personnalisée. Une navette de l'université vient cueillir l'étudiant à l'aéroport et le met en contact avec l'Association des étudiants internationaux de l'Université de Moncton (AÉIUM). Des associations étudiantes nationales offrent un soutien en guidant les étudiants dans leurs diverses démarches : compte bancaire, logement, épicerie, visite de la ville, etc. L'université organise également des activités d'orientation obligatoire pour chaque étudiant à son arrivée. Des étudiants de troisième et quatrième année assistent à ces sessions d'information, partagent leurs expériences et leur font part des différences culturelles qu'il peut y avoir entre Moncton et leur pays d'origine. Une ligne de téléassistance est ouverte pendant les premières semaines de chaque semestre afin d'aider les étudiants avec quelque problème d'adaptation ou questions qu'ils pourraient rencontrer.

À Moncton, un travail important se fait également dans l'informel par la présence des anciens étudiants. Ces « grands frères » envoient les bons signaux aux nouveaux fraichement débarqués et libérés du carcan familial. Il s'agit de les guider dans un environnement complètement nouveau. Je prends l'exemple du réseau guinéen qui réunit souvent les jeunes pour régler des problèmes d'intégration à la communauté d'accueil. On expose les choses de la vie clairement, par exemple, ce que signifie vraiment « Non » lorsqu'une « blanche » refuse des avances trop agressives. On évoque des situations de violence et de racisme dans les bars de la ville au fait que de jeunes Monctoniens cherchent la bagarre à la fermeture des bars cherchant à « se faire un Africain ». On entend beaucoup de choses à Moncton autour de « ces nouveaux Noirs » : que les étudiants sont parfois pris pour des Noirs de la Nouvelle-Écosse qui viennent à Moncton chercher la bagarre; que de jeunes étudiants ont été l'objet d'attaques par des groupes de skinheads et doivent se protéger eux-mêmes, car la police ne fait pas grand-chose. Ces histoires, cependant, ne se retrouvent pas dans les médias[3].

Sur le campus, les étudiants étrangers sont rapidement invités à faire connaitre leurs cultures respectives grâce à diverses activités, dont la plus importante est la Soirée internationale. Depuis une trentaine d'années, cet évènement a acquis une telle popularité, qui excède les frontières du campus, pour devenir un évènement bien rodé et très couru par la communauté locale. Il faut voir comment plus de 1 000 personnes viennent en plein mois de février dans un immense stade gouter des plats exotiques, mais pas trop piquants, regarder un défilé de mode à l'Africaine et danser aux rythmes envoutants

---

3. Aline Essombe, « Racisme à Moncton ? », *Le Front*, 12 mars 2008, p. 6.

du zouk. Cette dimension folklorique plait bien à tout le monde et réchauffe les corps engourdis par le froid hivernal.

Un autre volet de l'intégration porte sur la sensibilisation de la communauté universitaire aux besoins particuliers des étudiants étrangers. Dans ce registre, certaines universités poussent assez loin, proposant de revoir le cursus académique afin de s'assurer que celui-ci contient des éléments interculturels. Pas évident dans la sacrosainte culture universitaire de voir quelqu'un s'immiscer dans votre espace. Un travail se fait plutôt autour de la sensibilisation des employés en première ligne, les éduquant à la réalité que vivent les étrangers dans leur vie universitaire. À l'Université de Moncton, la très grande majorité des employés proviennent de petits milieux homogènes, comme Memramcook ou Notre-Dame, et n'ont jamais vraiment vécu des situations mettant en présence la diversité. Il s'agit alors de former cette main-d'œuvre, cette diversité, notamment dans les services importants comme le bureau du registrariat et le service des finances. Dans notre recherche, les étudiants étrangers soulignent certaines barrières infranchissables comme l'intransigeance des employés du service des finances et l'incompréhension du personnel aux problèmes de payer les études.

L'intégration pose également des questions plus problématiques par rapport à savoir jusqu'où peut aller l'accommodement aux différences. La pratique religieuse devient un cas de figure classique qui peut provoquer des remous. Dans une université ayant une chapelle en plein milieu du campus, la dimension catholique reste un ancrage important de la jeune histoire de l'Université de Moncton. En raison du nombre croissant d'étudiants musulmans, l'Université a ajusté certains services de base comme celui de la nourriture offrant des menus plus variés à la cafétéria. Une nouvelle salle de prière a pris place dans l'ancien club étudiant, le Kacho. Une salle existait, mais il a fallu l'agrandir. Jusqu'en 2005, cette salle fut l'unique lieu de prière des musulmans de la région de Moncton. De petits ajustements ont été faits au centre sportif à la suite de demandes faites concernant l'aménagement de douches individuelles, dans un vestiaire où les hommes se douchent normalement dans une salle commune. Durant l'affaire des accommodements raisonnables au Québec, *L'Acadie Nouvelle* faisait part de certaines demandes d'étudiants concernant des demandes d'ajustement d'horaire pour des examens. L'Université évoquait alors une politique plus précise en matière de gestion de la diversité, mais les choses semblent en être restées là. Un autre enjeu intéressant de l'intégration, et moins discuté, est celui de la langue. Dans sa mission, l'Université de Moncton se définit comme une institution de langue française, mais insiste beaucoup sur le fait qu'elle soit située dans un environnement bilingue. Cela constitue un attrait pour les étudiants étrangers qui pensent apprendre rapidement l'anglais, véritable outil au succès de leur intégration sur le marché du travail. Dans le contexte d'offrir des services adaptés aux besoins des étudiants étrangers, l'Université de Moncton, université francophone, doit alors réfléchir à l'offre de cours d'anglais pour les étudiants étrangers afin d'aider à leur intégration socioéconomique à Moncton.

Il me semble que l'intégration au milieu universitaire passe avant tout par ce qui se vit dans une salle de classe, et pas uniquement sous l'angle de divers instruments pédagogiques à fournir à une clientèle, question qui semble moins être la préoccupation des administrateurs. Depuis quelques années, les classes se diversifient. De nouveaux visages apparaissent. Parfois, des tensions éclatent en raison d'un fossé entre les Acadiens et les « internationaux ». Dans certaines facultés, cette division va jusqu'à prendre une dimension territoriale. Lors d'un documentaire réalisé en 2006 sur l'intégration des étudiants étrangers à Moncton, plusieurs étudiants de la Faculté d'administration ont rapporté des faits de salons étudiants divisés et d'équipes de travail séparées par la couleur de la peau. Un travail de réconciliation a été tenté plusieurs fois, mais les espaces se reconstituent. Dans cet endroit, la présence internationale dépasse les 25 %, ce qui choque avec une culture bien particulière, très locale, qui me fait penser à ce que nous vivions à la polyvalente Mathieu-Martin au début des années 1980 avec des espaces délimités : les étudiants « vedettes » en bas et les autres, notamment les « Cookers » (gens de Memramcook) en haut à les regarder. Comme professeur, je vis la diversité dans la manière de livrer un contenu de cours et d'engager les étudiants étrangers à dialoguer autour de thèmes politiques et sociaux. On peut imaginer que cela soit bien différent dans des disciplines comme la biologie ou la comptabilité. En politique canadienne, par exemple, je remarque qu'il n'est pas facile de livrer le contenu à des jeunes qui ne voient pas toujours l'intérêt d'apprendre quelque chose sur le système politique canadien, sujet pouvant apparaitre bien banal à leurs yeux par rapport à ce qui se passe au niveau international. Sérieux défi de créer un sentiment d'appartenance à une identité canadienne, mais également celui de rapprocher les étrangers des étudiants acadiens. Il s'agit de travailler l'entredeux, de rapprocher les positions et de faire place au dialogue entre les cultures. Il s'agit également de dépasser le discours « positif » de l'acculturation des étudiants étrangers à la culture canadienne présenté par différents intervenants. Les étudiants étrangers sont nos meilleurs immigrants, car ils s'acclimatent à la société d'accueil dans le cadre des études. En observant ces solitudes qui se déplacent entre les édifices ou se séparent dans les salles de classe, je me demande si l'équation magique étudiant-immigrant tient la route.

Ces divers services et pratiques de la diversité illustrent bien la redéfinition du rôle de l'université auprès des étudiants étrangers et son implication dans le dossier de l'immigration. En proposant maintenant des services et en aidant les diplômés à trouver un emploi, l'Université de Moncton déploie ses propres ressources pour intégrer les étudiants au campus, mais aussi au-delà de ce lieu. Il n'est plus simplement question d'encaisser les frais de scolarité et de laisser les diplômés rentrer dans leur pays, mais de penser à leur établissement dans la région.

Une nouvelle culture : le travail pendant et après les études

Jusqu'à tout récemment, la possibilité de travailler pour un étudiant étranger se limitait à de petits boulots sur le campus, à la cafétéria, au nettoyage des édifices. Une évolution rapide des politiques a tout changé, favorisant la mobilité professionnelle des étudiants durant et après leurs études. En 2004, un projet pilote du gouvernement du Nouveau-Brunswick a permis aux étudiants étrangers de travailler à l'extérieur du campus afin de permettre « aux établissements d'enseignement du Canada d'être plus concurrentiels à l'échelle internationale et aux étudiants internationaux de mieux comprendre et apprécier la société canadienne »[4]. L'objectif vise à donner

---

4. Citoyenneté et Immigration Canada, Communiqué de presse, 18 mars 2004.

le plus rapidement aux étudiants une «expérience canadienne de travail», ce que le gouvernement fédéral légifère en 2008 par un nouveau programme intitulé l'Expérience Canadienne. Toutes ces dispositions œuvrent dans le sens à accélérer la transition du statut temporaire de l'étudiant à la résidence permanente.

À l'Université de Moncton, depuis la mise en place du Permis de travail hors campus, en 2004, le nombre d'étudiants étrangers qui travaillent a crû de façon significative. En 2008, près de la moitié des étudiants ont fait une demande pour un permis de travail et la grande majorité d'entre eux ont trouvé un emploi – principalement dans les nombreux centres d'appel. Tout semble alors aller pour le mieux. Intégrés rapidement à la réalité du travail à temps partiel, les étudiants étrangers disposent d'une conseillère à l'emploi qui les aide à rédiger leur c.v., leurs lettres de motivation et à se préparer aux entretiens d'embauche. Elle travaille également avec les employeurs afin de les sensibiliser à la nouvelle réalité étudiante et de les encourager à l'embauche d'un étranger.

Selon un document interne, les étudiants occupent des emplois diversifiés et «ouvrent en quelque sorte la voie aux nouveaux immigrants qui s'établissent dans la région», les employeurs sont satisfaits d'une main-d'œuvre «loyale, disponible, fiable et qui respecte les supérieurs hiérarchiques»[5]. Après les études, les choses se compliquent, car les étudiants se retrouvent dans un *no man's land*. Il existe peu de données fiables permettant d'évaluer le taux de placement des diplômés étrangers à Moncton. Il y a surtout une incohérence dans le fait de désirer les étudiants comme les immigrants de demain, mais de ne pas fournir des services plus adéquats en vue d'une intégration à plus long terme. Il s'agit là d'un dossier négligé par les acteurs associatifs et municipaux. Les structures d'accueil et d'établissement ne reçoivent pas un financement spécifique pour aider les diplômés à intégrer le marché du travail et la Ville n'a pas vraiment de stratégie en place pour intégrer les diplômés de son unique université, outre quelques campagnes de sensibilisation dans les journaux locaux. Aux étudiants étrangers, par la voix du maire, la Ville projette un beau discours accueillant: «vous,

---

5. Services aux étudiants, Université de Moncton.

étudiants en provenance des quatre coins du monde, contribuez à faire de notre ville un endroit plus animé, diversifié et culturellement plus riche. J'espère sincèrement que vous vous sentirez chez vous ici et que vous considèrerez vous y établir en permanence »[6].

Un chiffre illustre bien la situation. Avec plus de 10 % d'étrangers, le campus est un lieu plus diversifié que la ville qui peine à passer la barre des 3 %. En prenant une photographie instantanée des pays d'origine des immigrants et des étudiants étrangers à Moncton en 2008, on remarque aussi qu'aucun des six pays les plus représentés à l'université ne correspondent à ceux les plus représentés à Moncton. Les étudiants viennent principalement de Haïti (16%), du Maroc (11,5%) et de la Tunisie (11,5%) tandis que les immigrants sont Coréens (19%), Chinois (7%) et Américains (6%). Cette observation ne prend pas nécessairement en compte les tendances démographiques plus longues, mais nous dit quelque chose sur les défis de l'intégration de jeunes migrants francophones dans une ville homogène dont les récents immigrants se fondent dans la majorité anglophone. Comme le rapporte un employé de la Ville, on pourrait s'attendre que « l'Université de Moncton soit l'une des principales sources d'immigrants » de Moncton.

Au-delà des politiques, des discours et des pratiques, la problématique du travail des étudiants étrangers provoque des effets importants à deux niveaux d'analyse. Le premier s'inscrit dans le contexte de l'Université. Cette réalité des trames horaires et du travail à temps partiel fait du campus un lieu de passage qui perd sa mission de prendre le temps de bien former des esprits. Certains vous diront que c'est la norme dans un contexte où les études coutent cher et que la formation universitaire se conçoit plus autour de l'acquisition de savoirs pratiques. On vient aux cours pour ensuite passer rapidement à une occupation professionnelle. Cette cadence est la même pour tous, mais lorsque je vois des étudiants étrangers tiraillés entre les études et la nécessité de travailler pour toutes sortes de raisons, je m'interroge sur ce nouveau rapport qui s'installe entre les études et le travail. Peu familiers à la culture du travail à temps partiel, très nord-américaine, les étudiants étrangers plongent dans le monde

---

6. Site de la Ville de Moncton.

du travail. Profitant de toutes ces nouvelles politiques, ils peuvent travailler jusqu'à 20 heures par semaine, devant maintenir une certaine moyenne dans leurs cours. Plus d'une fois, j'ai vu des étudiants venir me rappeler le règlement, histoire de me mettre un peu de pression si la note permettant l'acquisition du permis de travail et une source de revenu vital devait passer sous la barre. Il faut comprendre que la possibilité de « faire des sous » modifie beaucoup le rapport aux études, à se demander si le travail ne passe pas avant les cours ou même si le projet d'immigration ne constitue pas la principale raison du choix. Dans cette nouvelle réalité migratoire, les étudiants deviennent à leur insu les parfaits représentants du schéma de la circularité néolibérale des individus et des capitaux.

Un deuxième niveau d'analyse concerne l'intégration économique des diplômés à Moncton, réflexion que j'ai explorée avec un documentaire intitulé *Au bout du fil*. Produit par l'Office national du film du Canada (ONF) et son programme Parole citoyenne, ce court-métrage faisait partie d'une série de cinq documentaires sur les questions de racisme et de discrimination au travail. Il a été tourné en juillet 2006 dans la région de Moncton. Il présente les expériences de travail de Sandrine, Asmaa, et Jesué, parcours identique à bien d'autres jeunes étudiants étrangers venus étudier à l'Université de Moncton. Ce film, c'est aussi l'histoire d'une petite ville qui cherche, depuis quelques années, à mieux accueillir, intégrer et retenir les immigrants. À la grandeur du pays, la région du Grand Moncton a souvent été présentée comme le *success story* d'une ville ayant su opérer une transition de son économie traditionnelle vers une nouvelle économie du savoir. On fait référence au « miracle McKenna » des années 1980 et au boum technologique, lorsque Moncton, en plein marasme économique provoqué par la fermeture des entrepôts du Canadien National (CN), a su développer de nouveaux secteurs économiques comme les nouvelles technologies et les services à la clientèle. La municipalité a également su faire table rase d'un passé embarrassant marqué par des tensions linguistiques et des expressions politiques antifrancophones, bien visibles durant les années 1960 et 1970 du maire Leonard Jones. En aout 2002, le conseil municipal, sous la direction du maire Brian Murphy, adoptait une résolution historique faisant de Moncton la première ville officiellement bilingue au Canada. Un des atouts de la ville est donc de miser sur l'avantage linguistique de la population et de valoriser la dimension bilingue dans de nombreux évènements économiques et socioculturels. À se demander si la question de l'immigration fait dorénavant partie de la nouvelle économie du savoir.

Pendant les années 1990, Moncton connait une croissance démographique assez phénoménale, mais celle-ci est principalement due à la migration des francophones du nord de la province. Ainsi, une population vieillissante jumelée à une faible natalité rend la région de plus en plus dépendante d'un apport en ressources humaines et en capitaux étrangers. Selon les acteurs économiques, la croissance du Grand Moncton sera donc tributaire de sa « compétitivité » sur le « marché de l'immigration ». Cependant, l'immigration à Moncton est restée jusqu'à présent bien minime, ce qui surprend étant donné que cette ville se démarque des autres par son dynamisme économique et son faible taux de chômage. Selon les chiffres de Citoyenneté et Immigration Canada, en 2004, la ville n'accueillait que 204 immigrants sur une somme globale de 776 immigrants arrivés au Nouveau-Brunswick, pour se situer derrière les villes de Saint-Jean et Fredericton. En 2009, la situation a évolué, car la ville reçoit un plus grand nombre d'immigrants attirés par les possibilités d'emplois. Il me semble qu'une des raisons pouvant expliquer cet éveil tardif à l'immigration se trouve dans les traits historiques et culturels d'une ville ouvrière et rugueuse (*rough and tough*), façonnée par une culture majoritaire anglophone et protestante, d'une ville constituée autour de deux communautés établies, d'une ville où pendant longtemps les anglophones ont dominé les francophones. Pendant longtemps, Moncton a été un milieu assez cloisonné où régnait une manière de faire bien locale, comme de ne pas trop faire de place au nouveau venu, se contentant d'être une ville de passage pour les visiteurs et les touristes[7]. Certains promoteurs vous diront que les temps ont changé, mais je me dis que cet esprit « monctonien » circule encore parmi les habitudes locales d'une ville plutôt évènementielle.

Traditionnellement d'origine européenne ou américaine, l'immigration n'a donc pas encore changé sensiblement la composition

---

7. Consulter l'ouvrage sous la direction de Daniel Hickey, *Moncton, 1871-1929 : changements socioéconomiques dans une ville ferroviaire*, Moncton, Éditions d'Acadie, 1991.

de la population de cette région. Depuis quelques années, elle se diversifie, notamment avec la présence des étudiants en provenance de l'Afrique subsaharienne et du Maghreb. La plupart des nouveaux arrivants, jeunes adultes, éduqués contribuent à former une minorité visible grandissante. Peu de ces diplômés parviennent toutefois à se trouver un emploi qui réponde à leurs qualifications et se trouvent obligés de choisir des solutions à court terme comme de travailler dans les centres d'appel. La région de Moncton compte environ une quarantaine de centres d'appel apparus au début des années 1990. Dans le paysage urbain, les centres d'appel remplacent, voire même, se superposent aux espaces économiques de l'époque ferroviaire. Lors du repérage, munis de notre carte de la municipalité, Myriam Beaudry et moi avons découvert cette étrange réalité urbaine.

Dans le film *Au bout du fil* dont j'ai parlé plus haut, plusieurs travellings des façades, travelling de l'extérieur des centres d'appel, travelling des vestiges de l'économie du chemin de fer, rail et hangars, établissent le lieu. Les centres d'appel s'enfilent les uns après les autres : ICT, AOL, Rogers, Client Logic, Banque Royale, Micacs, Assurion, etc. Nombreux centres se cachent dans les parcs industriels, à la périphérie de la ville. Tout est fermé, cloisonné, privé. On ne pénètre pas facilement dans ces lieux contrôlés. On passe la porte avec une carte pour ensuite disparaitre dans une salle immense. Il y a quelque chose d'oppressant et d'inhospitalier. Les plans d'intérieur des centres d'appel ont capté une ambiance « centre d'appel » autour de la fixité et de la mobilité : la caméra ne bouge pas; elle observe de loin. Dans nos plans, nous avons exagéré la fixité du lieu : plan large d'un long couloir, les bureaux avec tous les petits objets personnels, les jambes en mouvement, les mains, les demi-têtes qui apparaissent. Le centre de la Banque Royale du Canada emploie plus de 700 personnes installées dans une salle grise et froide dotée d'un système de *white noise*, un son de fond capable de diminuer l'intensité des conversations individuelles. Durant le tournage, nous avons obtenu la permission de couper ce son pour nous permettre d'avoir une autre sonorité de l'image. Certains employés furent tellement surpris qu'ils se mirent à bouger comme des poules dans un poulailler. C'est dans ce type de milieu que de nombreux immigrants se retrouvent, bloqués et n'arrivant pas à devenir des « visibles ». Ce film a tout simplement raconté leur histoire en présentant quelques parcours de jeunes diplômés coincés dans des centres d'appel.

Au-delà de la rhétorique qui insiste pour que l'étudiant soit le meilleur immigrant, qu'il faut miser sur lui, que son intégration sera plus facile par son acclimatation au milieu durant ses années d'études, je me demande parfois de quelle manière la situation peut évoluer à Moncton. Dans mon film, je voulais aller au fond des choses, c'est-à-dire ne pas seulement rapporter les histoires à succès, les fameuses « meilleures pratiques » qu'on aime tant, mais plutôt comprendre le parcours de ces jeunes étudiants, les suivre dans leurs ambitions et déceptions. J'ai appris que porter un regard sur l'échec agace les intervenants, comme si le message de l'immigration ne pouvait être que positif. La possibilité de mener de longues entrevues à la caméra fut un véritable privilège, car les différentes histoires ont dévoilé des parcours difficiles et des histoires émotives. Cela, notre petite équipe l'a senti tout au long du tournage.

Sandrine demeure à Moncton depuis 10 ans. Après avoir terminé un baccalauréat à l'université, et après avoir cherché sans succès un emploi dans son domaine d'études, elle a commencé à travailler dans un centre d'appel. Après un an, voyant qu'elle ne parvenait pas à obtenir de l'avancement, elle retourne aux études, pour faire cette fois une maitrise en administration des affaires, toujours à l'Université de Moncton. Une fois diplômée, ne trouvant toujours pas d'emploi dans son domaine, elle retourne travailler dans un centre d'appel, où elle est restée deux ans. Encore une fois, il ne semble pas y avoir pour elle de perspective d'aller plus loin. Après deux ans dans ce centre, elle décide de retourner une deuxième fois aux études pour entreprendre cette fois un doctorat en éducation. Disposant d'une formation dans trois domaines et étant également bilingue, lors du film, elle travaillait toujours dans un centre d'appel spécialisé dans le service à la clientèle pour Internet, malgré le fait qu'elle a postulé à au moins 100 emplois depuis la fin de son baccalauréat. De toutes ces tentatives, elle n'a rien obtenu, à part un poste de chargé de cours à l'Université de Moncton pendant l'année universitaire. Elle dit qu'elle est maintenant résignée et qu'elle a « compris comment ça se passe ici ». Désirant cependant rester à Moncton, elle continue un travail qu'elle juge elle-même « aliénant », et dont elle est peu fière.

Jésué possède un baccalauréat en administration des affaires, option gestion de la production. Nous l'avons rencontré à Sackville, à 30 minutes de Moncton, où il travaillait depuis un an dans un centre d'appel. Après son baccalauréat, il a d'abord postulé à des emplois directement liés à son domaine, premièrement chez Irving, où il y a beaucoup de postes reliés à sa formation, puis dans des institutions bancaires, et finalement à n'importe quelle offre qu'il voyait disponible. Il a distribué son curriculum vitae, non seulement à Moncton, mais dans différentes villes de l'Atlantique, comme Fredericton et Halifax, et passé en tout plus d'une vingtaine d'entrevues. N'obtenant rien, commençant à manquer d'argent et également pressé par le délai de trois mois compris dans la règlementation des permis de travail, il a « eu la chance d'être recruté » par le centre d'appel où il travaille présentement, qui est un centre se spécialisant dans le service bancaire. Il ne considère pas cet emploi comme ayant été un emploi donné. Il a commencé dans un poste de base comme assistant téléphonique et gagnant un salaire de 23 000 $ par année, et il a eu un avancement trois mois plus tard, augmentant ainsi son salaire à 25 000 $ par année. Cependant, selon lui cette augmentation n'a pas financièrement eu d'effet sur son mode de vie. Lors de l'entretien, il se demandait pourquoi avoir payé autant d'argent en frais de scolarité pour se retrouver à faire un emploi qui ne demande que quelques cours au collège communautaire.

Asmaa a obtenu dans son pays un baccalauréat en économie. En 2002, elle est venue au Canada étudier en administration des affaires à l'Université de Moncton. À partir de sa deuxième année à Moncton, elle a commencé à travailler dans un centre d'appel en parallèle avec ses études. Après avoir terminé sa maitrise et tout en continuant à travailler, elle a tenté de trouver un emploi dans son domaine. Ne ménageant pas ses énergies, elle prenait rendez-vous avec des cadres d'entreprises et des responsables des ressources humaines, où elle s'informait des emplois disponibles, de l'entreprise. Voyant que cette stratégie ne fonctionnait pas et qu'elle perdait son temps, elle a tenté ensuite une méthode de recherche d'emploi plus « conventionnelle », en envoyant des c.v. par Internet. Elle a envoyé des c.v. à travers le Canada, et amorcé le processus de sélection par entrevues dans deux institutions financières, mais sans succès, recevant le plus souvent une lettre de l'entreprise en question l'informant que « pour des raisons administratives », ils ne pouvaient prendre en compte sa candidature. Entretemps, afin d'arriver à payer ses dettes d'études, elle a tenté deux fois, pour des périodes de trois mois, de prendre un deuxième emploi à plein temps dans un autre centre d'appel. Mais comme elle le dit elle-même, « un emploi dans un centre d'appel, c'est déjà stressant, un deuxième, c'est un suicide », et elle a donc abandonné ces tentatives. Depuis, Asmaa a commencé à travailler à *United Parcel Service Canada*. Selon elle, dans cette entreprise, il n'y a pas de discrimination et elle voit des chances d'avancement, puisque les cadres sont souvent des « internationaux », mais dans les trois centres où elle a travaillé précédemment, « il ne faut même pas rêver d'avoir un avancement, si tu n'es pas blanche et Canadienne ». Lors de cette entrevue, Asmaa a exprimé sa déception de se sentir dévalorisée par un emploi ne lui permettant plus d'être considérée parmi un réseau de personnes. Selon elle, le centre d'appel la réduit à cet emploi au bout du fil.

Il faut le dire, Moncton reste une ville très homogène où l'employeur typique hésite à embaucher un étranger issu d'une minorité visible. On s'inquiète de la différence, surtout si elle doit s'établir dans un rapport journalier, par exemple, dans une banque ou un autre service à la clientèle. On véhicule des stéréotypes sur certaines communautés raciales, les noirs, les Arabes, les Juifs. La recherche d'emploi se fait plutôt par le réseau des connaissances, car nombreux postes n'apparaissent pas dans les journaux. Mais, depuis quelques années, une nouvelle réalité se développe au cœur de la ville. De jeunes étrangers sont venus étudier dans cette ville, ils obtiennent les mêmes diplômes que de jeunes Acadiens et souhaitent obtenir un travail dans leur domaine d'étude. Le centre d'appel devient alors un piège. On y va pour obtenir une première expérience de travail, mais à la différence des gens du coin, pour y rester. Asmaa l'exprime de façon très émotive lorsqu'elle dit que le centre d'appel lui colle à la peau comme une tache difficile à enlever. Notre traitement de l'image a cherché à exprimer ce sentiment de l'invisibilité, de ne pas vivre dans le visible : image floue, image blanche, contrejour. La présence de l'immigrant s'exprime en revanche dans la prise de parole. L'importance de ces récits, c'est l'histoire de ces jeunes aux parcours invisibles, des parcours difficiles et touchants. En écoutant les immigrants, on a pu saisir leur frustration de toujours frapper un mur, de se retrouver devant tant d'obstacles. Dans les centres d'appel, on draine les gens. Il y a comme un sentiment de gaspillage. Le jeune, ce n'est qu'une marchandise qui se remplace rapidement, qui se brule dans un travail carrément débile. Selon l'expression connue, il passe du statut *brain gain* au *brain dead*. Le centre d'appel risque lui aussi de partir vers un autre lieu plus rentable, notamment l'Inde ou le Maroc.

À la fin du film, j'ai voulu établir une note plus optimiste, celle de l'intégration possible lorsque les employeurs acceptent de faire confiance à l'étranger et de le rendre plus visible parmi les gens du quotidien. En employant un procédé bien simple, la carte postale humaine, j'ai demandé à plusieurs immigrants au travail de fixer la caméra pendant une bonne minute. Je pense au regard de Abdoulaye, un jeune Guinéen caissier dans un magasin d'alimentation Sobeys, qui touche la matière, les aliments et l'argent des clients, ou Saïd, ancien étudiant venu du Maroc, banquier à la CIBC sur la rue Main. Le sentiment de visibilité économique et sociale constitue le point névralgique de l'intégration, car celle-ci entraine une reconnaissance du migrant.

Au générique apparait *Cour royale,* duo rap formé de Maréchal Toti (Lamine) et Alias Basto (Taoufik). Ces deux Maliens ont vécu le même trajet, soit l'Université de Moncton et le centre d'appel. Leur présence à l'image et la parole résument le propos du film, illustrant la volonté de devenir visible dans les lieux habités de la ville. Les rappers marchent sur la *Main*, l'image n'est plus *blurry*, elle est claire et chaude; ils se retrouvent dans des lieux visibles du quotidien de Moncton. Les *lyrics* sont directs et suivent le fil du film :

Au milieu de tout ceci
Moi, un mec doté d'un bac, d'un Master et d'un PhD
C'est comme si je n'avais plus de ID
Des fois je me dis
Qu'il faut que je rentre au bercail
Mais n'ai-je pas le droit de vivre ici ?
Ne parle-t-on pas de globalisation sans faille
Alors envahi par une certaine flamme
Je prends ce téléphone et je compose
Numéro après numéro
Minute après minute

Jour après jour
Pas parce j'aime ça
Mais ce cher Basto le dit
J'ai l'espoir
Que les choses changent
J'ai l'espoir
Que minorité et majorité ne fassent qu'un
J'ai l'espoir

Que rêve et que réalité ne fassent qu'un
J'ai l'espoir

De pouvoir bosser dans mon domaine
Et non pas dans ce *f***ing calling centre*.

Cour Royal, *Au bout du fil*, 2006.

Chapitre 5

IMMIGRATION FRANCOPHONE ET SOCIÉTÉ MINORITAIRE: UN ARRIMAGE PAS TOUJOURS ÉVIDENT

Dans le film *Le Confort et l'indifférence* de Denys Arcand, une immigrante grecque de Montréal exprime la grande difficulté de l'immigrant à faire partie de la famille québécoise, surtout dans le contexte nationaliste du premier référendum de 1980. Lorsque vient le temps de penser l'immigration dans le contexte minoritaire francophone, j'ai toujours été saisi par l'acuité de ce propos. Son histoire n'est pas unique à une réalité québécoise. Je l'ai entendue à Moncton par des immigrants libanais ou italiens qui ont fait le choix d'aller vers la majorité anglophone devant un manque d'ouverture de la part de la communauté acadienne ou plutôt un manque d'intérêt, la question de la place de l'étranger ne faisant pas vraiment partie du projet acadien à une époque. Pendant longtemps, une sociologie de l'ethnicité va s'intéresser à cet Autre, situé au bord de la communauté. Des études sur les Vietnamiens, les Belges, les Arabes établissent cette présence de l'immigration au Nouveau-Brunswick sans pour autant cerner les relations entre les immigrants et les gens qui y sont nés. Aujourd'hui, la situation semble avoir évolué, car le dossier de l'immigration occupe une plus grande place dans le discours des communautés francophones en situation minoritaire.

Le regard se déplace vers les besoins de la société d'accueil. Comme les données du recensement de 2006 l'indiquent, le poids relatif de la francophonie canadienne a diminué entre 2001 et 2006 et oblige les gouvernements et les communautés à développer des stratégies et des actions par rapport à l'immigration. Si le nombre d'immigrants augmente au Canada, les représentants des communautés francophones demandent au gouvernement fédéral de tenir compte de la situation linguistique et du poids démographique des communautés francophones en situation minoritaire, dans le but d'éviter une croissance démographique en faveur de la majorité anglophone. Par conséquent, les questions de recrutement, d'intégration et de rétention sont beaucoup plus présentes dans les discours et les stratégies des acteurs gouvernementaux et de la société civile francophone. Il faut aussi reconnaitre que le visage de la francophonie canadienne se transforme par l'apport de la nouvelle réalité démographique et culturelle de l'immigration. Même si cela ne constitue pas une affaire de grands chiffres, la dynamique provoque de petits dérangements au sein des collectivités d'accueil.

Dans un débat public aseptisé et respectueux des différences, il me semble nécessaire d'exposer certaines vérités qui peuvent déranger, comme le brouillage identitaire, lorsque vient le temps de réfléchir à la place et au rôle que l'immigrant francophone doit occuper dans le projet acadien. La société acadienne pourrait se valoriser comme une microsociété permettant une autre médiation aux identités, développant une autre manière de travailler la notion d'une diversité habitée. Pourquoi vouloir une immigration francophone? Quelle est vraiment son utilité? Quelle est la conséquence identitaire de l'immigration sur l'avenir du projet acadien? Ce qui est certain, c'est que pour les nombreux acteurs de l'immigration en milieu francophone minoritaire, défendre la viabilité de la francophonie canadienne n'est pas un travail de tout repos.

Je préciserai quelques éléments chronologiques dans la manière dont le dossier de l'immigration francophone a émergé parmi la francophonie canadienne et en Acadie du Nouveau-Brunswick. Cet éveil a pris du temps, et l'expliquer demande de comprendre l'état d'esprit des acteurs communautaires devant un nouvel enjeu identitaire parfois incompris. Ensuite, j'aborderai les principaux enjeux et défis de l'immigration francophone, notamment par rapport à la transformation des points d'ancrage du discours identitaire minoritaire. Enfin, je souhaite avancer quelques pistes de réflexion et observations de la réalité du terrain avec le but de faire émerger une diversité du possible dans un lieu comme Moncton.

Vers une francophonie canadienne de la diversité

À la fin des années 1990, la Fédération des communautés francophones et acadiennes (FCFA) du Canada, organisme porte-parole d'un vaste réseau d'associations francophones du pays, engage une importante réflexion sur l'avenir des communautés francophones en situation minoritaire. Au départ, l'objet de la grande tournée pancanadienne du projet *Dialogue* visait au rapprochement entre les communautés anglophone et francophone du pays et d'un désir à engager un dialogue avec les peuples autochtones. Mais, rapidement, les problématiques de la diversité et de l'inclusion des nouveaux arrivants dans les sociétés de la francophonie canadienne apparaissent comme des enjeux clés des communautés. À l'époque, je me rappelle comment certains membres du groupe de travail me décrivaient la réalité du terrain, surtout dans l'Ouest canadien où l'adoption d'une culture de la diversité devenait un enjeu de survie pour des petites communautés fragilisées. Le ton semblait bien différent en Ontario et dans l'Est du pays avec des communautés francophones plus ancrées dans un discours de défense des acquis. Nous reviendrons sur cette distinction fort intéressante.

Plus tard, l'initiative *Vive la différence* se conçoit comme le prolongement du processus d'adaptation à la diversité ethnique et culturelle. Ces deux exercices vont mener à une stratégie visant la fabrication d'une nouvelle identité francophone plurielle et plus ouverte à la diversité. La firme de consultant mandatée par la FCFA élabore ce discours d'une diversité francophonie : « Depuis ce temps [février 2001], on se rend compte que de plus en plus de francophones réalisent l'importance d'une francophonie inclusive. La FCFA propose donc une initiative qui va susciter une réflexion à l'échelle canadienne sur la redéfinition du concept de communauté en tenant compte des nouvelles réalités qui façonneront les communautés francophones et acadiennes dans la prochaine décennie »[1].

Dans le contexte découlant des données du recensement de 2001, la jonction politique se produit en mars 2002, lorsque le ministère Citoyenneté et Immigration Canada met sur pied avec la FCFA un comité chargé d'examiner la situation de l'immigration francophone dans les communautés francophones en situation minoritaire. Ce comité a pour mandat d'élaborer des stratégies visant à accroître le nombre d'immigrants parlant le français et à faciliter leur accueil et leur intégration. En 2003, il présente un cadre stratégique pour favoriser l'immigration en dehors du Québec. Le message proposé est

---

1. FCFA, *Vive la différence : Guide d'animation*, novembre 2003.

clair : « Les communautés francophones et acadiennes doivent s'approprier le dossier de l'immigration francophone et reconnaitre son importance pour leur rayonnement »[2]. Plusieurs objectifs ont été mis de l'avant, soit améliorer les capacités d'accueil des milieux francophones, assurer l'intégration économique des immigrants, assurer leur intégration sociale et culturelle, favoriser la régionalisation à l'extérieur de Toronto et Vancouver. De son côté, le Commissariat aux langues officielles produit des études qui permettent de préciser l'engagement du gouvernement fédéral à inclure des dispositions linguistiques à la *Loi sur l'immigration du Canada*.

Le lancement en septembre 2006 du *Plan d'action pour favoriser l'immigration au sein des communautés francophones en situation minoritaire* (2006-2011) constitue une autre étape importante. En juin 2007, la FCFA organise un *Sommet des communautés francophones et acadiennes du Canada* et fait de l'immigration et de la diversité l'un de ses axes directeurs : d'une part, on reconnait l'importance de passer à une étape plus active en matière d'immigration francophone travaillant les dimensions du recrutement, de l'intégration et de la rétention ; d'autre part, on souligne plus clairement l'inscription de la diversité culturelle et immigrante dans le paysage de la francophonie[3]. Enfin, dans certaines provinces, les associations francophones ont développé des réseaux pouvant mieux refléter l'importance du dossier de l'immigration, notamment des tables de concertation provinciale et des capacités d'accueil. Confrontés à de nouvelles demandes provenant des nouveaux arrivants, les acteurs communautaires ont surtout cherché à rassembler les principaux interlocuteurs pour être en mesure de prendre en considération une voix différente qui souhaite être reconnue et intégrée au sein des communautés francophones du pays.

En tant que représentant communautaire du Nouveau-Brunswick au comité national CIC-Communautés francophones en situation

---

2. Citoyenneté et Immigration Canada, *Cadre stratégique pour favoriser l'immigration au sein des communautés francophones en situation minoritaire*, Gouvernement du Canada, novembre 2003, p. 4.
3. FCFA, *Actes du sommet des communautés francophones et acadiennes du Canada*, novembre 2007.

minoritaire et membre du comité de mise en œuvre des priorités du Plan de 2006, j'ai eu la chance de suivre l'évolution du dossier de l'intérieur. Cette expérience très enrichissante m'a permis de mieux évaluer le progrès de l'immigration francophone au sein de la francophonie canadienne et d'y attacher des réalités régionales. Dans ce type de structure de concertation, le travail ne fut pas toujours facile, au point d'avoir le sentiment de parfois recommencer nos rencontres par une introduction à la spécificité francophone en raison d'un roulement quasi permanent des interlocuteurs des ministères fédéraux. Le dévouement et la passion de plusieurs personnes ont permis, après plus de cinq ans, de constater des progrès, notamment une vision d'ensemble au projet et une meilleure identification des actions nécessaires et des besoins des communautés. Il demeure que le défi majeur, et souvent relevé, a été celui de faire passer le message d'une stratégie d'immigration plus ciblée à la francophonie canadienne. Il me semble que cette demande n'a pas toujours été bien comprise par les fonctionnaires fédéraux conditionnés par une vue d'ensemble du système migratoire canadien et une conception « bilingue » des services d'accueil et d'intégration. Leur faire saisir que le contexte minoritaire demande une autre manière d'agir reste problématique, car cela signifie de reconnaitre plus spécifiquement « le besoin d'une politique nationale en immigration francophone pour favoriser le recrutement, l'accueil et l'intégration des immigrants au sein des communautés francophones en situation minoritaire ».

Dans la problématique du recrutement, plusieurs membres du comité ont souvent rappelé les pratiques de sélection de certaines ambassades canadiennes sur le continent africain, notamment celles d'Abidjan et de Nairobi, véritables couperets lorsque vient le temps d'évaluer des dossiers d'immigration. Il a fallu insister auprès du gouvernement, lui demandant d'admettre l'existence de blocages administratifs dans les pays de la francophonie du Sud tandis que tout semble être fluide dans les bureaux feutrés de Paris ou de Bruxelles. Sur le plan des pratiques de l'accueil, de l'intégration et de la rétention, un travail considérable a été celui de la sensibilisation des intervenants économiques francophones à l'importance du dossier de l'immigration, de les amener à le considérer comme faisant partie de leur priorité de développement.

Le succès de la démarche a été de faire passer le message auprès d'une « clientèle » peu sensibilisée à l'importance de l'immigration. Il me semble essentiel de ne pas toujours parler avec des personnes acquises à la cause, car cela devient carrément inutile. Un enjeu en particulier nécessite ce genre d'intervention, soit le besoin de ressources humaines dans le domaine de la santé. Depuis quelques années, les communautés francophones ont identifié ce secteur comme prioritaire et explorent la manière de faire une place aux diplômés en santé formés à l'étranger. La bonne volonté se heurte cependant à la résistance des ordres professionnels et des régies de santé toujours habitués à fonctionner en vase clos. De nombreuses histoires existent de médecins formés à l'étranger et obligés de tout recommencer au Canada dans l'espoir de se faire considérer à leur juste valeur. Pour le médecin algérien ou congolais, la règle du jeu consiste à espérer intégrer le système de santé, mais à un niveau inférieur à sa compétence. Tristement, des parcours échouent, obligeant des individus qualifiés à opter pour des métiers de survie. Dans la réussite de certains parcours, il devient évident qu'une caractéristique essentielle du succès sera la capacité d'accompagnement proposée par la société d'accueil[4].

Aussi, l'histoire récente de l'immigration francophone, surtout celle en provenance des pays africains, se caractérise dorénavant par la diversité des lieux de destination. Dans ce mouvement, la plupart des provinces canadiennes ont élaboré des stratégies en matière d'immigration francophone, certaines en précisant la particularité du dossier de l'immigration francophone dans leurs ententes respectives avec le gouvernement fédéral. Le Manitoba, par exemple, a identifié une cible de recrutement de 7 % d'immigrants qualifiés francophones. Dans son entente, le gouvernement de la Nouvelle-Écosse accepte que la Fédération acadienne de la Nouvelle-Écosse (FANE) recommande des candidats d'expression française sélectionnés par la communauté. Le Nouveau-Brunswick propose une stratégie de recrutement dans les pays de la francophonie interna-

---

4. À ce titre, un travail important est coordonné par le Consortium national en formation en santé (CNFS) dans le domaine des diplômés étrangers dans le domaine de la santé. Il s'agit de projets d'accompagnement des diplômés dans trois régions francophones du pays : Edmundston, Ottawa et (Saint-Boniface) Winnipeg.

tionale et souhaite développer une sensibilité à la diversité au sein de la population acadienne. Par une augmentation quasi instantanée du nombre d'immigrants francophones et anglophones, une province comme l'Alberta illustre bien la nouvelle réalité des enjeux identitaires pour des petites communautés francophones en mode de survie. Par le désir de prendre sa place, de pousser la porte et de provoquer des débats au sein des associations francophones, cette présence migrante dans l'ouest du pays a entrainé des ajustements, des modifications dans les petites habitudes des francophones diversifiant la composition des organismes et la nature du discours francophone. Au Manitoba, la situation a rapidement changé, surtout en raison d'une structure d'accueil et d'intégration des nouveaux arrivants francophones présentée comme « la porte d'entrée des immigrants francophones ». La Saskatchewan a innové par un aménagement de ses structures associatives à la diversité de l'immigration. Pour sa part, l'Ontario demeure la plaque tournante de l'immigration avec un potentiel important de l'immigration francophone dans plusieurs régions. Par sa diversité ethnique, la province présente une tout autre problématique de l'intégration au tissu francophone, entre Toronto où l'immigrant francophone se dissipe dans l'espace et la culture urbaine et des régions plus éloignées et homogènes comme le nord-ouest francophone. Il se pose aussi des enjeux identitaires intéressants dans cette province qui réunit tout, par exemple, dans la manière dont les immigrants noirs francophones se situent par rapport à la communauté francophone de souche, mais aussi par rapport à une autre identité noire anglophone bien établie et militante[5].

À l'opposé des espaces urbains, je pense à ce qui peut se passer dans des plus petits coins ruraux, comme la région de la Baie St-Marie en Nouvelle-Écosse. Plusieurs immigrants et étudiants étrangers ont connu cette expérience d'atterrir au bout du monde dans un aéroport désert et d'embarquer dans un taxi en indiquant la route de Pointe-de-l'Église. Bien entendu, après plusieurs heures de trajet, les choses se compliquent à l'arrivée[6]. Lorsque je me mets à

---

5. Amal Madibbo, *Minority within a Minority. Black Francophone Immigrants and the Dynamics of Power and Resistance*, New York, Routledge, 2006.
6. C'est l'histoire de quelques nouveaux arrivants de la Nouvelle-Écosse.

réfléchir à l'est du pays, une autre lecture de l'enjeu de l'immigration existe, soit de partir du fait que les communautés acadiennes se perçoivent dans un autre rapport identitaire et politique, surtout au Nouveau-Brunswick où le simple fait du poids démographique de la communauté acadienne ne produit pas la même dynamique que dans l'ouest du pays. Deux traits colorent le message identitaire en Acadie du Nouveau-Brunswick : celui de la lutte pour préserver les acquis symbolisés par la dualité linguistique et celui de la vitalité linguistique qui explique, selon moi, ce manque d'intérêt à placer l'immigration au-devant du débat politique. L'impression qui se dégage, c'est que le discours des acquis et de la vitalité se présente comme des dynamiques qui permettent aux communautés francophones de s'épanouir de l'intérieur et non dans un rapport pouvant véritablement considérer un apport extérieur. C'est d'ailleurs ce que le politologue Donald Savoie avance à la fin de son parcours biographique lorsqu'il dit que l'Acadie doit maintenant apprendre à accueillir les nouveaux Canadiens[7].

On pourrait cependant croire que le Nouveau-Brunswick part avec une longueur d'avance sur les autres provinces, car étant le foyer d'une minorité francophone forte et la seule province ayant reconnu le bilinguisme officiel, il peut offrir un véritable projet de société en français pour les immigrants. Comme indiqué ci-dessus, cette situation avantageuse donne parfois l'impression que la question de l'immigration ne constitue pas vraiment le dossier le plus urgent de la communauté, souvent relégué derrière les principales revendications de la communauté francophone, notamment des enjeux historiques marqués par la lutte pour protéger les acquis tels l'éducation, le bilinguisme et de nouveaux défis comme les soins de santé. Je me suis toujours dit que l'immigration pouvait se présenter tel un enjeu traversant toutes ces questions identitaires et qu'elle était en mesure d'appuyer les revendications des sociétés minoritaires.

***

Au Nouveau-Brunswick, le dossier de l'immigration francophone prend tout de même une plus grande importance dans le discours

---

7. Donald Savoie, *I'm from Bouctouche, Me*, Montréal, McGill-Queen's University Press, 2009, p. 251.

officiel de la province, étant donné qu'environ un tiers de la population est d'origine acadienne et francophone et que la province est officiellement bilingue. Il faut noter cependant que ce dossier se trouve dans une sorte d'entredeux administratif et symbolique entre le gouvernement provincial et la société civile acadienne. Cette particularité de la culture politique provinciale remonte aux années 1960 lorsque les grandes réformes menées par le gouvernement de Louis J. Robichaud consolident la place des francophones au sein de l'appareil politique et bureaucratique. Le gouvernement s'engage à mieux défendre les Acadiens, à parler en leur nom, ce qui peut signifier aussi une perte d'autonomie politique pour la société acadienne. Joseph-Yvon Thériault défend cette thèse lorsqu'il explique que la modernité provoque une mise à l'écart des réseaux de pouvoir traditionnels. Fondée autour de ses institutions comme l'Église et les institutions d'enseignement, la société acadienne va dorénavant œuvrer au grand jour, ce qui peut signifier tension, méfiance et malentendu avec les élites politiques[8].

En suivant la tendance nationale, la Société de l'Acadie du Nouveau-Brunswick (SANB) portera attention au dossier de l'immigration, plus particulièrement sur la question de l'accueil et de l'intégration des nouveaux arrivants francophones au Nouveau-Brunswick. C'est en 2001, sous la présidence de Jean-Guy Rioux, que le travail débute[9]. Dans ce contexte, une première étude avait précisé les principaux enjeux de l'immigration francophone au Nouveau-Brunswick[10]. D'une part, la dimension démographique domine largement le discours. En raison du faible taux de natalité de la population acadienne, du fort taux d'assimilation, de l'exode des jeunes francophones vers d'autres régions et de la faible capacité de

---

8. Joseph-Yvon Thériault, « Le moment Robichaud et la politique en Acadie », dans *L'ère Louis J. Robichaud* (Actes du colloque), Institut canadien de recherche sur le développement régional, 2001, p. 245-253.

9. Jean-Guy Rioux a été la bougie d'allumage dans le dossier de l'immigration francophone, portant une attention particulière au changement de la société francophone du Nouveau-Brunswick. « Le dossier de l'immigration en Acadie », dans *Rendez-vous 2004*, p. 245-253.

10. *L'accueil et l'intégration des immigrants francophones au Nouveau-Brunswick*, Okana-Solutions Marketing, La Société des Acadiens et des Acadiennes du Nouveau-Brunswick, document inédit, 2002.

rétention des immigrants francophones, l'immigration est souvent présentée comme une solution au redressement démographique de la population francophone. Les données des recensements (2001 et 2006) sont en effet inquiétantes : la population du Nouveau-Brunswick ne cesse de diminuer tandis que la population nationale augmente. D'autre part, la dimension économique du discours limite l'apport de l'immigration à la question de combler des manques de ressources dans des secteurs bien précis de l'activité économique. L'apport de l'immigration se réduit trop souvent à l'enjeu de l'emploi et du développement économique.

En 2003, la SANB crée une Table de concertation provinciale sur l'immigration comprenant une trentaine d'intervenants issus des deux paliers de gouvernement, de même que du milieu communautaire concerné. Ce faisant, la SANB enclenche un processus de rapprochement entre les divers intervenants de la société acadienne et les associations des communautés culturelles. La table est formée des volets gouvernemental, communautaire et universitaire. Le dialogue n'a pas toujours été facile entre les divers acteurs, mais il a eu le mérite de permettre d'engager une discussion plus franche autour de la définition même d'une identité acadienne plurielle et de décloisonner le discours des acteurs politiques, économiques et sociaux.

En 2008, le gouvernement fédéral s'est trouvé pressé d'agir en réponse au *Rapport sur les consultations du gouvernement du Canada sur la dualité linguistique et les langues officielles*, remis par Bernard Lord dans le cadre du renouvèlement du *Plan d'action sur les langues officielles*. Dans ce document, le gouvernement du Canada a reconnu que l'immigration constituait un dossier essentiel pour les communautés de langue officielle en situation minoritaire et a octroyé une enveloppe spécifique de 10 millions de dollars à la province du Nouveau-Brunswick. Il a fallu du temps pour mettre les choses en place entre les paliers de gouvernement et la communauté acadienne. Cette belle somme permet surtout à la province de faire avancer sa stratégie en matière d'immigration et à cet effet, Fredericton développe à petits pas des actions vers les régions francophones.

Les défis de l'immigration francophone

L'immigration francophone pose quelques défis ou enjeux pour une société comme l'Acadie du Nouveau-Brunswick et le reste de la francophonie canadienne. Un premier défi m'apparait être tout simplement la question du nombre d'immigrants, la fameuse masse critique à atteindre que les experts ne cessent de rappeler telle une condition sine qua non à la réussite d'un projet d'immigration. À l'extérieur du Québec, la francophonie canadienne n'attire pas des masses même si une légère croissance annuelle donne des signes encourageants. Le gros de l'immigration francophone se dirige vers le Québec, principal foyer de la langue française. Cette province dispose de plusieurs atouts et d'une marge de manœuvre pour sélectionner ces immigrants. Dans les autres provinces, le pourcentage annuel des immigrants francophones grimpe tout doucement, de 0,34 % (604) en 1990 à 0,75 % (1 523) en 2008, et à 0,83 % (1 678) en 2009[11]. Au Nouveau-Brunswick, les chiffres restent bien maigres. En 2006, sur un total de 1646 immigrants, seulement 58 résidents permanents indiquent avoir le français comme langue maternelle et 110 disent connaitre les deux langues. En revanche, la grande majorité des immigrants, 1 014 individus, ont l'anglais comme langue maternelle et un nombre plus important d'immigrants, soit 464, ne maitrisent ni l'une ni l'autre langue. En 2009, à peine 80 résidents permanents indiquaient le français comme première langue.

Cette situation démographique et linguistique préoccupe beaucoup la communauté acadienne du Nouveau-Brunswick. Aux yeux des fonctionnaires de Citoyenneté et Immigration Canada, ces données inquiètent, car la cible prévue d'au moins 4,4 % d'immigration francophone à atteindre par année en 2014 semble peu réalisable. Récemment, on a revu cette cible pour éloigner la date à 2023 et proposer une première étape de 1,8 % à atteindre en 2016. Dans la culture des comptes à rendre, on peut comprendre ce fonctionnement, mais il me semble tout aussi important de ne pas se limiter à l'aspect quantitatif du dossier. Des résultats de nombreuses recherches sur le terrain en milieu minoritaire nous indiquent la présence

---

11. CIC, *Immigrants francophones à l'extérieur du Québec. Aperçu statistique*, mai 2011.

de petits nombres et nous font remarquer l'impact que peut avoir l'immigration sur la dynamique d'un lieu. Le simple fait de voir arriver une dizaine d'élèves issus de l'immigration dans une école secondaire, de quelques nouvelles familles ou même l'installation d'une seule famille dans un milieu rural constitue également une histoire de chiffres.

Le message de l'immigration ne semble pas passer et cela s'observe de deux manières. Il suffit que certaines voix se fassent entendre pour critiquer le projet de l'immigration francophone. Au Nouveau-Brunswick, comme nous l'avons vu déjà, ce type de réaction a fait son apparition à quelques reprises. Dans le cas spécifique de l'immigration francophone, une réaction s'exprime autour d'une généreuse contribution de 10 millions de dollars accordée par le gouvernement fédéral dans le cadre de la *Feuille de route pour la dualité linguistique canadienne 2008-2013*. Dans les fils de presse sur Internet, il est ahurissant de lire des commentaires franchement agressifs à l'idée d'en faire seulement pour les francophones au détriment de la majorité, entre autres de nombreux propos à la suite d'une nouvelle faisant état de vouloir donner des cours de « chiac », parler local de la région du sud-est du Nouveau-Brunswick, aux nouveaux arrivants francophones, ou encore lorsque des Tunisiens manifestent à Moncton suite à la chute du régime Ben Ali en Tunisie[12]. Comme à l'époque du parti CoR, certains observateurs ont tendance à discréditer ces propos, les réduisant à des expressions passéistes de personnes en perte de vitesse, à de vieux Anglais dépassés. Il faut cependant noter que ce type de réaction existe aujourd'hui un peu partout et définit le sentiment d'inquiétude de certaines personnes face à un monde en évolution rapide. En fait, c'est une sorte de

---

12. If 10,000,000 dollars is allocated for imigrating french to New Brunswick, then 10,000,000 dollars has to be given for British immigrants. Lets have this rectifyed. I am sure Alward will support us! lololol, Ya I bet! Posted CBC, *Immigrants chiac course*, 29 mai 2010.

Tunisians in Moncton. lol What will they try next with that 10,000,000 dollars set aside for French only immigration. Desperation I would say. Why not just immigrate from the British Countries and prosper rather then mumble in 10 different french dialects? Posted 2011/01/11. CBC, *NB Tunisians Rally in Moncton*, 15 janvier 2011.

sensation de l'anxiété des populations nationales devant l'évolution d'un monde globalisé qui ne ressemble plus à une identité plus locale. On réagit alors par des mesures nationalistes et populistes plus proches des préoccupations des populations natives. On peut penser à la Suisse et à l'initiative contre les minarets, au recul du multiculturalisme aux Pays-Bas et en Australie et au phénomène des *Tea Parties* aux États-Unis.

Un autre type d'argument, plus subtil, questionne la pertinence de développer une politique nationale en matière d'immigration francophone. Le Canada est un des seuls pays au monde à développer un enjeu linguistique à sa politique de sélection des immigrants économiques dans le but de veiller à une représentation linguistique du pays. Dans un rapport présenté au bureau régional de CIC-Ontario, deux chercheurs du Migration Policy Institute de Washington se demandaient si le Canada pouvait se permettre de défendre une conception de la nation qui passe par la reconnaissance du fondement de la dualité linguistique afin de préserver une minorité en déclin[13]. Parfois, je me dis que cette idée circule dans les couloirs de certains ministères, que cette sensibilité à une dimension francophone se perd doucement. Il y a donc un travail constant de sensibilisation à faire au sein même de l'appareil gouvernemental, lui présentant le bienfondé d'une politique d'immigration servant la francophonie canadienne de la même manière que la majorité anglophone. Il me semble que la question de rééquilibrer les ressources et les moyens est évacuée au profit de la redéfinition de ce que peut signifier un espace francophone pluriel et plus ouvert à la diversité.

Dans ce sens, la question fondamentale à poser est celle qui interroge la réelle volonté des communautés francophones de transformer les balises identitaires de la société minoritaire et non simplement de travailler les capacités organisationnelles pour accueillir un nouvel arrivant. Ces préoccupations, on les retrouve dans certaines analyses plus théoriques, réflexion nourrie en Acadie

---

13. Demetrios G. Papademetriou et Hiroyuki Tanaka, «Attracting Francophone Immigrants to Anglophone Canada: Challenges, Opportunities and Lessons form Europe, Migration Policy Institute», dans *Fostering Francophone Immigration to Ontario*, Caroline Andrew et Meyer Burstein, 2007.

par des textes importants, dont ceux de Mourad Ali-Khodja et de Nasser Baccouche[14]. Ces sociologues ont questionné la difficulté de penser l'altérité dans une société minoritaire, notamment à un certain malaise lorsque vient le temps de la concevoir pour ainsi lui permettre d'émerger parmi nous, et la difficulté de penser à l'absence d'un espace permettant un débat public sur de nouvelles questions identitaires. Nicole Gallant et moi-même avons posé différemment cette question à partir d'une perspective de recherche de terrain visant à analyser les représentations de la diversité dans les discours des associations francophones, soulignant que la forte minorité acadienne du Nouveau-Brunswick maintient la distinction ou la distance entre le « eux » et le « nous »[15] et façonne son projet de société sur la défense des acquis de la communauté historique.

La venue de nouveaux francophones dans des communautés introduit de nouvelles questions sur le plan de la place de l'immigrant, obligeant les communautés elles-mêmes à se questionner. Finalement, on en vient à se demander à quoi sert l'immigrant ? À qui sert-il ? Je pense principalement ici au rapport toujours délicat et complexe à la langue, car les immigrants francophones n'ont pas la même lecture du contexte sociolinguistique[16]. Certains ne voient pas la nécessité de jouer le jeu du minoritaire et de prendre parti d'un discours militant de défense des acquis linguistiques; ils ne sont pas venus uniquement pour consolider la communauté d'accueil. Des immigrants francophones veulent envoyer leurs enfants

---

14. Mourad Ali-Khodja, Pour une science sociale de l'exigüité : bilans et enjeux de la connaissance minoritaire, *Francophonies d'Amérique*, n° 15, 2003, p. 7-23; Nasser Baccouche, « Immigration et émancipation des appartenances communautaires : les nouvelles citoyennetés à la conquête de l'espace public », *Égalité*, n° 48, 2003, p. 115-142. On peut également lire le travail de François Paré, *La distance habitée*, Ottawa, Le Nordir, 2003.

15. Nicole Gallant et Chedly Belkhodja, « Production d'un discours sur l'immigration et la diversité par les organismes francophones et acadiens au Canada », *Études ethniques canadiennes/Canadian Ethnic Studies*, vol. 37, n° 3, 2005, p. 35-58.

16. Une récente thèse de doctorat propose une analyse approfondie de la situation de l'immigration francophone au Nouveau-Brunswick. Isabelle Violette, *Immigration francophone en Acadie du Nouveau-Brunswick : langues et identités*, Université de Tours-Université de Moncton, 2010.

dans le système scolaire anglophone afin de leur donner une solide base en anglais, considérant que l'acquis de la langue française ne pose aucun problème pour eux. Ils n'expriment pas la même inquiétude linguistique. Imaginons la réaction de la communauté francophone qui se bat depuis des décennies pour ses écoles francophones… Je me dis quand même que cet enjeu de la langue ne doit pas se limiter à des considérations individuelles, mais doit faire place à l'importance du lieu d'ancrage du processus de l'intégration, c'est-à-dire, du premier contact de l'immigrant avec la société qui l'accueille. Il me semble que cela doit être essentiellement un accueil francophone permettant de situer l'immigrant qui désire un cadre de vie en français. Ce qui cloche depuis quelque temps, c'est que tout le monde ne cesse de dire que l'acquisition de la langue anglaise devient la seule manière de pleinement s'intégrer à une société minoritaire. Un drôle de glissement se produit vers l'acceptation d'une identité bilingue, reflet idéal de la culture néo-brunswickoise et d'une identité canadienne plurielle. Dans ce sens, l'usage de la langue se détache du projet de société francophone pour intégrer le discours de l'identité bilingue et de son inclusion dans un modèle multiculturel. Il n'est pas facile de mettre le doigt là-dessus en affirmant que le problème se situe à un endroit. Il y a plutôt une sorte d'évanescence d'une culture changeante vers un horizon politiquement neutre[17].

Sur ces enjeux identitaires, les contours d'un débat se précisent autour de la nécessité à défendre ou préserver le thème de la fondation en tant que cadre de référence de la francophonie minoritaire. De ceci découle un malaise à préciser comment le discours de la

---

17. Je pense ici au film de Marc Paulin, *Moncton-Acadie* (1990), belle interrogation sur un lieu qui se cherche en raison d'une inquiétude par rapport à la survie de la langue française dans une ville majoritairement anglophone. Le traitement visuel présente bien le lieu physique d'une ville divisée, traversée par une voie de chemin de fer. C'est dans le discours de la nouvelle génération bilingue de Moncton, dans l'expression du *je,* que s'exprime l'existence linguistique ambiguë des Acadiens de Moncton. Ce documentaire illustre bien l'idée d'une grande transformation en cours dans la construction du projet de société acadien. On a l'impression, en le voyant, de perdre quelque chose de notre mémoire collective et de devenir les spectateurs de notre propre histoire.

diversité s'inscrit dans ce moule fondateur. Il y a quelques années, cet enjeu de société a pris forme lors d'un débat autour de la place de la Déportation de 1755 au sein de la mémoire collective acadienne, canalisé par la volonté de certains individus à demander des excuses officielles à la Couronne britannique. Je cite ici un échange d'opinion dans les colonnes du journal *Le Devoir* entre Joseph Yvon Thériault et Donald Savoie[18]. En 2004, le politologue Savoie applaudit à la décision du gouvernement fédéral de reconnaitre la tragédie du peuple acadien par une Proclamation royale qui, selon lui, inscrit cet évènement du passé dans le contexte de valeurs canadiennes à partager et non dans celui d'une reconnaissance spécifique à un peuple en particulier. Savoie considère que cette manière de faire permet de réduire le sentiment du ressentiment et du désir de reconnaissance de l'évènement pour exprimer la fierté et les succès de la société acadienne à travers les siècles :

> La collectivité acadienne est maintenant dotée de sa propre université et a produit récemment une classe d'entrepreneurs qui connaissent beaucoup de succès. La présence des Acadiens se fait sentir dans le monde des affaires, le gouvernement, les beaux-arts, la littérature et les professions libérales, avec des personnalités comme Louis Robichaud, Roméo LeBlanc ou Antonine Maillet.

Pour sa part, Joseph-Yvon Thériault questionne cette position :

> Jusqu'à récemment, le nationalisme acadien, s'il reconnaissait son adhésion à la société canadienne, le faisait à travers une médiation, soit la nation acadienne, qui était elle-même liée aux autres groupements francophones – y compris québécois –, constituant l'un des éléments de la réalité binationale du Canada. Dans la « fierté » canadienne, tel que l'exprime Donald Savoie, cette dimension a disparu. C'est au Canada terre d'immigration, donc au multicultura-

---

18. Donald Savoie, « Les Acadiens et la proclamation royale : tristes semailles, douces moissons », *Le Devoir*, 3 janvier 2004, p. B5; Joseph Yvon Thériault, « La proclamation royale et le Grand Dérangement : quelle mémoire commémore-t-on ? », *Le Devoir*, jeudi 15 janvier 2004, p. A7.

lisme, qu'il associe la nouvelle reconnaissance acadienne. Serait-ce que les Acadiens ont troqué leur désir de nationalité pour une reconnaissance ethnique ? Si tel est le cas, on aurait un bel exemple où la reconnaissance d'une mémoire abolit la mémoire qu'elle prétend reconnaitre.

Selon Thériault, déplacer la légitimité de la nation du peuple acadien vers le projet fluide et innovant de la fierté canadienne évacue un élément considérable de son identité, soit le socle de la reconnaissance construit à partir du projet fondateur national. La question se pose avec encore plus d'acuité par rapport au projet de la diversité ? Dans un article récent, Joseph-Yvon Thériault et Martin E.-Meunier ne semblent pas voir la chose comme étant dans l'ordre du possible, car l'idéologie de la diversité brise la possibilité de faire société et donc l'élément vital des communautés francophones minoritaires[19]. Animateurs et chercheurs au Centre interdisciplinaire de recherche sur la citoyenneté et les minorités (CIRCEM) de l'Université d'Ottawa, ils visaient principalement « l'École de Toronto » (les chercheurs Monica Heller, Normand Labrie et Diane Farmer)[20]. Dans ce texte, ils considèrent que l'élaboration d'une « nouvelle francité » minoritaire calquée sur la dynamique multiculturelle, fluide et individualiste de la francophonie torontoise poursuit l'œuvre de « dénationalisation de l'affirmation des francophonies vivant en situation minoritaire » (p. 206). Selon Thériault et Meunier, il devient urgent de rétablir les balises d'une appartenance commune : « Or, faire société, c'est plutôt établir de manière permanente un rapport à soi et élaborer et maintenir (bref, instituer) un « nous » qui, justement, dépasse l'affinité des individus qui composent des groupes identitaires; de cela, l'École de Toronto ne semble pas vouloir » (p. 216). Monica Heller et ses collègues se voient accusées de cosmopolitiser l'identité francophone pour en faire une parmi d'autres dans la grande ville de Toronto.

---

19. Joseph-Yvon Thériault, J.-Y. et Martin E.-Meunier, « Que reste-t-il de l'intention du Canada français ? », dans J-Y. Thériault, A. Gilbert et L. Cardinal, *L'espace francophone en milieu minoritaire au Canada. Nouveaux enjeux, nouvelles mobilisations*, Montréal, Fides, 2008, p. 205-238.
20. Joseph Yvon Thériault est depuis 2008 au Département de sociologie de l'Université du Québec à Montréal et titulaire de la Chaire de Recherche du Canada en Mondialisation, Citoyenneté et Démocratie.

Depuis quelques années, Thériault et d'autres intellectuels posent la question angoissante de comment faire société dans un monde où les identités multiples remplacent le projet commun du vivre-ensemble. Avec la controverse des accommodements raisonnables de 2006-2007 et des suites autour du débat sur la laïcité et le port du voile intégral au Québec, ces intellectuels s'inquiètent devant ce qu'ils qualifient de « multiculturalisation de la société québécoise » par des demandes de reconnaissance de groupes ethnoculturels[21]. Selon eux, il y a comme une urgence à faire passer un autre message que l'idéologie dominante des élites intellectuelles de gauche acquises au pluralisme identitaire et au cosmopolitisme montréalais.

J'accepte leur critique du bon sentiment identitaire imposé par la culture du politiquement correct, de la perte d'un sens commun, mais je ne vois pas toujours quelle route prendre pour préserver un idéal francophone au pays. Je partage également avec Thériault ce désir de ne pas constamment faire un portrait élogieux de la société minoritaire autour des multiples conquêtes (sorte de catalogue de faits et de personnes à citer dans un parcours glorieux, sorte de musée vivant). Il ne suffit pas de produire une image de la diversité comme ces visages souriants et figés sur des brochures touristiques. Il faut que la diversité soit vivante, inscrite dans la réalité quotidienne. En reprenant les propos de Joseph-Yvon Thériault, il faut s'inquiéter de la représentation ethnique de l'identité canadienne[22] et de son inscription dans le beau tableau de la fierté canadienne, l'immigrant ne faisant que de la figuration dans la belle vitrine multiculturelle et folklorique présentée par Patrimoine canadien. Comme le souligne Thériault, il s'agit de faire société, ce qui ne serait plus du tout évident de nos jours. Là où je prends mes distances, c'est dans la

---

21. La figure la plus médiatique est Mathieu Bock-Côté. Doctorant en sociologie à l'Université du Québec à Montréal (UQAM), essayiste, chroniqueur au *Devoir* et à *La Presse* et invité chouchou de l'émission *Dumont* de l'ex-chef adéquiste Mario Dumont, cet intellectuel de droite défend la nécessité de repenser et de refonder la nation québécoise autour d'un projet conservateur. Il est l'auteur d'un essai à succès, *La dénationalisation tranquille*, Montréal, Boréal, 2007.
22. Joseph Yvon Thériault, « Quelle mémoire commémore-t-on ? », *Le Devoir*, jeudi 15 janvier 2004, p. A7.

manière d'engager le débat par rapport à l'apport de la diversité, c'est-à-dire, de ne pas simplement la réduire à une notion idéologique et apolitique au service du multiculturalisme canadien.

Je me demande ce que cherchent vraiment ces sociologues. Faut-il renouer avec une tradition conservatrice de la fondation? Mais quelle est la fondation aujourd'hui? Le Canada français, la dualité canadienne, l'héritage de la Révolution tranquille? Je pars peut-être d'une autre perspective, celle d'une lecture plus empirique de petits faits dans un espace, dans un lieu où la diversité peut constituer une dynamique sociale et commune. Au Nouveau-Brunswick, on se sent loin de tout cela, mais il ne suffit pas de croire que le contexte plus paisible de la situation identitaire de la minorité francophone acadienne, à l'abri d'une grande diversité ethnoculturelle, qui connait bien le sens de l'accommodation dans sa relation harmonieuse avec une majorité anglophone, soit un garant de stabilité et de sécurité identitaire.

Au moins, peut-on espérer que ce débat naissant autour de l'immigration et de la diversité permettra de se dégager de certaines représentations connues de l'Acadie, soit l'engouement généalogique, l'identité diasporique ou encore cette muséification du projet acadien dans le parcours glorieux et ronronnant de la résilience. L'enjeu de la diversité doit également nous préoccuper dans le sens où un glissement de langage se produit vers une évacuation de la référence politique dans le projet du devenir acadien réduit à une inclusion de la diversité dans un projet multiculturel dépolitisé.

Vers une diversité du possible

Depuis quelques années, je m'applique à suivre ce qui se passe sur le terrain de l'immigration francophone à Moncton. Une nouvelle structure d'accueil et d'établissement illustre bien l'importance de valoriser la rencontre entre l'immigrant francophone et le milieu. Le Centre d'accueil et d'intégration des immigrantes et immigrants du Moncton métropolitain (CAIIMM) est le résultat d'une idée fort simple, celle d'un carrefour au cœur de la ville, gribouillée sur une serviette du café Joe Moka à Moncton et défendue ensuite par quelques personnes et amis. Aziz, Mamadou, Germain, Laure et d'autres pensaient surtout à un lieu de convivialité au cœur de la ville pouvant servir d'espace d'accueil et d'intégration des nouveaux immigrants francophones, mais aussi un espace permettant aux nouveaux arrivants d'obtenir des informations et des ressources facilitant leur intégration à la communauté d'accueil et, d'autre part, d'avoir un échange culturel avec la communauté acadienne. Cette idée s'appuyait sur un premier laboratoire assez informel qui visait à faire découvrir aux jeunes acadiens la nouvelle diversité des étudiants étrangers à Moncton. Dans notre idée d'aller plus loin, je me rappelle surtout du bluff que nous avons fait à la SANB[23], hésitante au début sur le sujet, pour en fait l'amener à prendre l'idée du CAIIMM comme son projet d'immigration francophone. À l'époque, la SANB pilotait l'immigration à partir de sa Table de concertation, qui se réunissait deux fois par année. Cela nous semblait insuffisant pour faire émerger une dynamique de l'intégration dans l'urbanité de Moncton. Dès que nous insistions sur le mot urbain, on nous rappelait que le contexte acadien est avant tout rural, comme si l'idée de miser plus sur les villes restait un sujet tabou et ne collait pas à la réalité du milieu francophone. Aujourd'hui, le CAIIMM vole de ses propres ailes et répond à un réel besoin d'intégration de familles immigrantes francophones en milieu urbain. Il illustre bien le principe de l'ancrage, car il ne suffit pas de penser l'accueil et l'établissement en terme de services à fournir à un individu. Cette approche clientéliste, je la vois partout dans le modèle anglophone de la prestation des services. Dans cette logique, il s'agit d'intégrer un individu à une majorité, processus bien différent de penser une minorité au sein de la minorité. À Moncton, on remarque cette différence, surtout lorsque des immigrants notent la particularité de l'accueil francophone du CAIIMM par rapport à l'autre structure plus ancienne connue sous le nom de MAGMA: «Au CAIIMM, on te reçoit dans un lieu convivial avec le thé. À MAGMA, on te demande de prendre un numéro et d'attendre».

Par toutes sortes d'activités socioculturelles, le CAIIMM favorise la mise en relation entre l'immigrant et le milieu d'accueil, entre autres, les fameux 5 à 7 thématiques qui permettent de donner des informations utiles aux nouveaux arrivants, telles les activités de jumelage, les sorties informelles, etc[24].

---

23. Société de l'Acadie du Nouveau-Brunswick
24. Sylvia Kasparian, «A New Model for Receiving and Integrating Franco-

Le sport constitue également un moyen idéal permettant de nouer des contacts moins formalisés entre les cultures. Deux histoires de foot me viennent à l'esprit. La première remonte à quelques années lorsqu'un groupe d'amis se réunissait pour taper du ballon sur un terrain à l'abandon. Le principe consistait à diviser les joueurs en équipes et à permettre à n'importe qui de venir jouer, du simple curieux qui passait au touriste découvrant l'été à Moncton. En 2006-2008, suivant l'engouement de la coupe du monde de football et de la coupe d'Europe, nous avons développé plus loin notre projet autour de la LHASA (Ligue Hinternationale amateure de soccer en Acadie). Le succès de ce laboratoire fut de faire émerger la diversité parmi des gens qui ne se préoccupaient pas tellement de cette question[25]. Tout n'a pas été facile et la responsabilité de faire un geste se situait des deux côtés. Il a fallu du temps, mais, petit à petit, les relations se sont nouées sur le terrain et ailleurs. L'année suivante, nous avons intégré avec quelques amis à une autre équipe plus organisée dans le cadre de la *Codiac League* du grand Moncton. Nous voulions sortir les étudiants étrangers de leur isolement et les impliquer dans une équipe interculturelle formée de jeunes Acadiens, Africains et Magrébins. L'expérience fut intéressante, mais également laborieuse par la réaction agressive des autres équipes à voir une équipe d'étrangers venir déranger les petites habitudes d'une ligue fermée et dominée par d'anciens joueurs, mais aussi par un faible intérêt des joueurs de notre équipe à se connaitre sur le terrain, à faire trop d'individualités avec le ballon.

Évoquer les atouts d'une petite société comme l'Acadie du Nouveau-Brunswick pour un projet d'immigration durable ne se fait pas assez. Sur le plan de l'intégration des nouveaux arrivants, on suit souvent des recettes connues sans prendre le temps de réfléchir à la possibilité de travailler le chantier de la diversité dans le contexte minoritaire. Il s'agit moins d'aller au-delà des mots à la mode comme celui de métissage et de la rencontre des cultures,

---

phone Immigrants into Minority Communities : Centre d'accueil et d'intégration des immigrants du Moncton métropolitain », *Canadian Issues*, 2008, p. 94-97.
25. M. H. Eddie, « S'intégrer à l'Acadie grâce au soccer », *L'Acadie Nouvelle*, 23 juin 2008, p. 5.

mais bien de faire émerger la spécificité que peut avoir une politique de l'immigration francophone. Il devient urgent de penser la diversité culturelle dans un rapport au politique, de l'inscrire dans un espace de médiation politique, de prendre en compte le potentiel créateur de la diversité et d'engager de nouveaux débats de société autour de la place de l'immigration.

CONCLUSION :
PENSER AUTREMENT
UN PROJET D'IMMIGRATION

Je me suis intéressé à la place que prennent les questions de l'immigration et de la diversité dans le développement identitaire d'une petite société comme l'Acadie du Nouveau-Brunswick. Même si cet enjeu ne se trouve pas au centre de toutes les discussions et préoccupations de la population, il n'en demeure pas moins que l'immigration intéresse davantage les gouvernements et les acteurs de la société civile. Dès le début, j'ai cerné deux dimensions qui me semblaient centrales dans la manière de saisir la nouveauté du phénomène migratoire. D'une part, l'instrumentalisation de l'immigration en tant que levier de développement économique et culturel caractérise la plupart des discours qui insistent surtout sur l'attrait d'une main-d'œuvre qualifiée au développement économique d'une région ou d'une localité. D'autre part, l'arrimage du discours de la diversité au cadre identitaire francophone propose les contours d'une nouvelle identité canadienne plurielle et métissée, celle qui souscrit aux valeurs, en vogue partout, d'une citoyenneté bâtie sur un partage et une célébration des différences.

De nos jours, ces imaginaires façonnent l'immigration, souhaitant faire de l'immigrant une personne standardisée aux besoins des milieux d'accueil, un individu consommateur qui se fond dans la réalité d'un pays plus diversifié, mais en même temps homogène par sa manière de gérer la diversité. Dans la façon dont les provinces et les villes désirent ces immigrants économiques pouvant s'intégrer rapidement au milieu, dans les stratégies de recrutement à l'étranger (salons d'immigration, consultants), dans le *shopping* que font les immigrants à la recherche d'une destination, le nouveau visage de l'immigration au Canada aplatit le projet à une intégration plutôt individuelle et communautaire et non à la construction d'un projet de société.

En pensant à la situation, l'image qui me vient souvent à l'esprit est celle d'une Formule 1 qui entre rapidement au stand lors d'une course. En quelques secondes, l'équipe en sol fait le plein d'essence, change les quatre pneus, nettoie la visière du pilote et relâche le bolide. L'essentiel est de s'assurer que la voiture de revienne pas. L'immigrant qui réussit serait donc celui ou celle qui se débrouille seul, qui performe le plus rapidement au niveau économique et qui exprime sa particularité culturelle parmi d'autres.

De mon expérience au sein de quelques structures communautaires, je retiens surtout le détachement de certains acteurs par rapport à la réalité même de ce que signifie la condition de l'immigrant comme si cela ne fait pas partie de l'équation. En voulant répandre des histoires positives de réussites et de succès, les acteurs de l'immigration se préoccupent moins d'enjeux éthiques et humains. Il faut dire que depuis quelques années, l'immigration attire des experts et des consultants devenus en peu de temps des spécialistes en la matière. Ces derniers ne portent pas vraiment attention aux dissonances pouvant exister dans une réalité sociale où de nombreux nouveaux arrivants ne connaissent pas des histoires aussi glorieuses que celles affichées dans des outils promotionnels. En fait, ils ne savent pas trop comment réagir devant les difficultés et préfèrent intensifier la logique du recrutement d'une immigration choisie. Cette lecture peut sembler exagérée, mais je constate que ces nouveaux immigrants désirés et attirés par toutes sortes de procédés imaginent le Canada de cette façon, soit un Eldorado prêt à conquérir. Drôle de rêve lorsqu'un projet d'immigration pour des gens qualifiés, prêts à quitter leur profession et leur pays, se termine tristement dans un centre d'appel à Moncton. Il ne s'agit pas ici de rêver à une immigration de charité, mais à une autre manière de poser l'enjeu de l'immigration.

Penser autrement un projet d'immigration nécessite une autre manière de faire et d'agir. Il faut y aller de façon plus profonde, s'agissant de faire comprendre aux décideurs que l'immigration n'est pas seulement qu'une affaire de chiffres, de cibles et de performance. À ce jeu de la statistique, on ne fait qu'éviter des problématiques plus complexes.

D'abord, j'insiste beaucoup sur le principe d'une démarche plus sensorielle de l'immigration, c'est-à-dire, d'une relation à bâtir par rapport à de nouvelles habitudes, par exemple, celle d'apprendre à faire fonctionner notre regard ou de prendre le temps de déambuler dans un lieu pour véritablement saisir les petits détails. Ces dernières années, l'endroit a changé, par la présence des étudiants étrangers sur le campus de l'Université de Moncton et des immigrants dans la ville. Je me demande souvent «Où sont-ils»? «Comment vivent-t-ils la ville»? «Sont-ils présents ou absents?» Il y a une dizaine d'années, tout était différent par le simple fait que la diversité n'apparaissait pas dans le paysage urbain. Aujourd'hui, il suffit de se promener en ville et de constater la présence de dépanneurs coréens, de restaurants «ethniques», d'étudiants africains et magrébins et de jeunes Européens.

C'est dans la façon de regarder la réalité d'un lieu que la présence de l'Autre peut prendre une forme. Dans cette réflexion, je m'inspire beaucoup de l'importance qu'attache le grand documentariste hollandais Johan Van der Keuken à la notion du regard, suivant par la caméra la simple réalité d'un paysage, d'une situation, d'un tempo, d'un corps en mouvement. Dans un hommage filmé au cinéaste hollandais, Denis Gheerbrant résume bien lorsqu'il ressent chez Van der Keuken «l'expérience de partir sur un chemin qui n'est pas tracé»[1]. Dans une ville comme Moncton, cela demande un effort au niveau du regard sur une urbanité souvent dévalorisée par le simple fait que les humains ne se promènent pas dans leur lieu de vie. Ils s'y déplacent en voiture, à la périphérie, hypnotisés par de grandes surfaces commerciales. Moncton est un cas pathétique d'une ville où le déplacement à pied semble être anachronique ou futile. Parfois marcher devient même un risque. Il suffirait de prendre le temps de regarder nos espaces de la quotidienneté et de saisir la richesse du lieu habité. La diversité peut être un aspect de notre existence qui se retrouve dans les petites choses oubliées, dans les petits plis de la temporalité, dans tout ce qui fait la quotidienneté d'une société. Je pense souvent à la plume de l'écrivaine acadienne France Daigle, à ces suites de points dans ses textes qui indiquent des moments de silence dans les conversations des personnages Carmen et Terry[2]. Le poète Gérald Leblanc portait ce regard sur

---

1. Denis Gheerbrant, *Lettre à Johan Van der Keuken* (documentaire), Éditions Montparnasse, 2001.
2. France Daigle, *Petites difficultés d'existence*, Montréal, Boréal, 2002.

l'urbanité, ce regard sur la ville comme étant ce lieu ou peut se fixer une diversité à découvrir, d'une Acadie à habiter :

> Je commence l'écriture de ce texte au café Joe Moka, coin Robinson et Main, à Moncton. Dehors, je vois des gens de quarante ans plus jeunes que moi qui glissent sur le béton à vive allure sur des planches à roulettes. Ils se rendent au prochain jam ou à une rave où l'invention demeure à l'ordre du jour pendant que des losers continuent de pleurnicher sur le passé, que l'histoire et le présent défilent devant leur aveuglement[3].

Il faut donc percevoir le lieu comme un espace capable de rendre possible la convivialité entre les êtres et de faire entrer quelque chose de nouveau, soit une dimension spontanée du contact et d'une générosité mutuelle. Paul Gilroy nous invite à repenser la significa-tion du multiculturalisme comme celle de vivre la différence parta-gée dans un rapport normal au quotidien[4]. Comprendre les petits changements que l'immigration provoque dans le quotidien des gens est essentiel afin d'éviter les généralisations et les dérapages au niveau du langage. L'angoisse et la peur se focalisent sur des catégorisations globalisantes : le musulman, la burqa, l'Islam. On en vient à perdre le contact avec la réalité. Lier la diversité à un rap-port au quotidien permet aussi de se dégager du rôle qui est assigné à l'étranger. La différence ne doit pas être une simple couleur dans un tableau harmonieux de la diversité culturelle, problème d'un discours marchand de la culture urbaine qui fait de l'évènement et du festivalier les marqueurs de succès de la vitalité culturelle. Il s'agit d'habiter le lieu et de travailler à réduire la distance entre le natif et l'étranger. Pour changer les habitudes, il faut déjà percevoir le lieu habité comme une dynamique marquée par des mouvements et des déplacements, allusion à la démarche d'un paysagiste qui modèle la ville[5].

---

3. Gérald Leblanc, « La planète païenne », *Acadie urbaine*, 2004. [http://www. acadieurbaine.net/]
4. Paul Gilroy, *Postcolonial Melancholia*, New York, Columbia University Press, 2005.
5. Des travaux passionnants se font en études urbaines. Thierry Paquot et Chris

Une leçon importante est celle avancée par Alain Renaut dans un récent livre intitulé *Un humanisme de la diversité*. L'auteur développe une thèse autour d'une posture faisant en sorte de se reconnaitre dans un quelque part d'où l'on n'est pas issu, comme une éthique à suivre : «vers une sorte d'obligation de la distance dans le vécu du rapport à soi» (p. 441)[6]. À un moment, il faut savoir sortir de son identité, ce qui ne veut pas dire la nier, mais de ne pas toujours évaluer son existence à partir de l'identité et de se cacher derrière le discours de la diversité. Dans nos sociétés actuelles, cela devient le défi le plus difficile en raison de la multiplicité des identités, à la fois pour une société minoritaire fixée sur son patrimoine et pour les communautés immigrantes repliées. C'est à partir de la sortie de l'identité qu'il devient possible de s'engager dans la voie d'un commencement, d'une autre histoire à faire qui ne signifie pas la perte du sens commun d'une société en mesure de penser son projet. Dans l'idée du commencement, deux principes m'apparaissent essentiels, soit le geste du politique et le lien au passé.

Aujourd'hui, ce qui semble être problématique, c'est la construction d'un lieu habité, à une époque où le lieu comme construction du sens et du partage communs se détache de nous en douceur. Savoir habiter le monde de cette façon n'est pas une mince affaire, car cela nous ramène à l'importance d'une citoyenneté devant mener à un engagement de nature politique. Tristement, ce mot politique semble avoir perdu beaucoup de son panache dans nos sociétés. Aujourd'hui, il s'agit de gérer selon des mécanismes de concertation et de collaboration. Je suis toujours amusé lorsque quelqu'un me dit qu'il faut d'abord établir le consensus, le «lien de confiance» avant d'engager la discussion, comme si la possibilité de désaccord pouvait provoquer un malaise qui atteint les droits de la personne. Au contraire, il faudrait plutôt considérer la politique comme l'art du dissentiment permettant de faire émerger la conflictualité dans notre quotidien[7]. Cela permet même d'aller plus loin, c'est-à-dire de

---

Younès, *Le territoire des philosophes. Lieu et espace dans la pensée au XXe siècle*, Paris, La Découverte, 2009.

6. Alain Renaut, *Un humanisme de la diversité*, Paris, Flammarion, 2009.
7. Miguel Benasayag et Angélique del Rey, *Éloge du conflit*, Paris, La Découverte, 2007.

passer à une logique de réappropriation politique sous la forme d'une résistance aux discours vides ou d'occupation de l'espace public[8].

L'immigrant, qui a souvent été fixé à la marge ou placé en retrait, doit s'imposer comme celui qui questionne, qui provoque des choses et entre dans l'espace du débat public. Il doit refuser de parler une autre langue, celle de l'Étranger, celle qui le place dans une position extérieure à la communauté[9]. Il refuse également de se faire assigner une place, un rôle. Cela n'est pas évident, mais nécessaire, car poser la question signifie que le débat politique puisse se faire, sinon nous vivons un vide, un temps harmonieux avec des gens satisfaits. Dans un climat culturel satisfait, caractérisé par le dénominateur commun du rire, du divertissement et de la « fierté acadienne »[10], l'impression qui se dégage est que la fuite en avant est bien plus agréable que le travail difficile de faire société.

Dans le débat sur l'immigration, une question qui ne se pose pas est celle du rapport au passé et cela me semble très problématique. L'immigration se présente telle une dynamique du moment présent où l'ailleurs ne compte pas vraiment. Selon moi, il faut valoriser le passé sous la forme d'un dialogue entre les histoires. Je prends l'exemple de la Déportation du peuple acadien. Les immigrants peuvent vous dire que cela ne les concerne pas et que cette tragédie reste bien minime par rapport aux catastrophes du 20e siècle. Il y a aussi cet agacement de toujours voir la Déportation comme le marqueur de l'identité acadienne. La capacité de dialoguer avec le passé me semble néanmoins une façon de faire autrement les choses. Lors du 3e Congrès mondial acadien en Nouvelle-Écosse en 2005 (un congrès assez dynamique sur le plan identitaire avec des questionnements sur la langue anglaise et les identités acadiennes des Maritimes et des États-Unis), j'ai été invité à participer à une table ronde intitulée « La Déportation : boulet au phare ? ».

---

8. Simon Harel, *Espaces en perdition : les lieux précaires de la vie quotidienne*, Québec, Presses de l'Université Laval, 2004.
9. Jacques Derrida et Anne Dufourmantelle, *De l'hospitalité*, Paris, Calmann-Lévy, 1977.
10. Joël Belliveau, « Fierté acadienne ou confiance acadienne ? À nous d'y voir... », *Égalité*, vol. 52, 2005, p. 121-132.

Assez étonné, je me suis retrouvé à Grand-Pré en compagnie de l'éditrice Marguerite Maillet, du juriste louisianais Warren Perrin et de l'ethnologue Barbara LeBlanc. Je me rappelle avoir discuté le point de vue que, pour véritablement s'engager dans un travail de la mémoire, il est important de comprendre les histoires du passé dans deux directions et de les reconnaitre. L'immigrant doit saisir la portée de l'évènement de la Déportation et l'Acadien doit également être à l'écoute de l'histoire portée par l'étranger. Malheureusement, l'évacuation de l'histoire de notre présent mène plutôt à l'oubli ou à la pratique de la commémoration[11].

Dans ce nouveau climat praticogestionnaire, nous sommes bien loin d'un temps où l'immigration donnait l'impression d'être une affaire de hasard, de parcours d'individus décidant parfois de venir sans véritable raison dans un endroit et finalement de s'y établir et d'y nouer des relations durables avec les gens du coin. Il faudrait revenir à cet idéal du rapprochement, à cet art du partage. Dans le cadre d'activités précédant la tenue des États généraux des arts et de la culture en Acadie, évènement tenu à Caraquet en mai 2007, j'ai eu la chance d'organiser avec ma collègue Annette Boudreau une table ronde sur le thème du parcours et des impressions de quelques artistes étrangers ayant immigré au Nouveau-Brunswick. Ce soir là, au théâtre l'Escaouette, nous avons entendu autre chose que la recette du recrutement et de l'intégration, des paroles rappelant que l'immigration durable se vit pleinement dans la possibilité d'échanges entre des individus. Ce fut peut-être un moment d'un temps révolu, un temps national où tout semblait plus simple que la tendance actuelle à la globalisation d'un enjeu planétaire. Nous sommes aussi bien loin de la possibilité de débattre du sujet de l'immigration, qui pour certains se limite à une simple stratégie managériale à appliquer, ou à un sujet trop polémique, pour véritablement en discuter, surtout en présence des immigrés!

Comment y arriver? Par une prise de parole et un engagement pour le réel, entreprise difficile à notre époque du tout mesurable

---

11. Chedly Belkhodja, « Savoir habiter le lieu de la mémoire. Le cas de l'Acadie », *Entre lieux et mémoire. L'inscription de la francophonie canadienne dans la durée*, sous la dir. de Anne Gilbert, Michel Bock et Joseph-Yvon Thériault, Ottawa, Presses de l'Université d'Ottawa, 2009, p. 271-292.

et des comptes à rendre. Cela me rappelle de bons souvenirs lors de mon premier documentaire réalisé avec le cinéaste québécois Jean Chabot et à nos longues discussions lors de nos repérages[12]. Il y a eu un moment assez magique au Cap-Breton, entre Inverness et Chéticamp. Nous nous étions arrêtés à un poste d'essence et nous avions vraiment la sensation très physique de pénétrer dans un monde vivant, inscrit dans une normalité d'existence, et doté d'une densité humaine que le tourisme de masse ne pourrait probablement pas percevoir. Pendant le repérage, c'est effectivement une question qui est souvent revenue dans nos discussions. Quelle est la place des images dans nos sociétés hypermodernes? C'est évidemment une question qui renvoie au sens de l'identité, puisque l'identité s'exprime beaucoup par des images. Maintenant, de quelles images s'agit-il? Est-ce qu'elles sont spontanées? Ou fabriquées? Jean Chabot s'interrogeait déjà là-dessus avant notre rencontre. L'effacement ou l'évidement du territoire et de ses habitants traverse sa filmographie, comme le beau film *Voyage en Amérique avec un cheval emprunté* (1987). Pour ma part, je définis mon identité à partir d'un amour pour le territoire, plutôt que par certains symboles culturels. J'ai toujours été fasciné par la densité de ce territoire, ses petites routes perdues, ses odeurs d'automne, sa diversité culturelle qu'on découvre lorsqu'on s'aventure en dehors des chemins connus, par les visages que l'on découvre... Mais finalement, la manière d'en parler, pour Jean et moi, c'était en prenant position pour tous ces gens qui ne sont que des figurants dans ce grand spectacle, ou qui sont même carrément en dehors... À travers le film, le recours aux portraits de gens qui fixent la caméra a correspondu à cette volonté. C'est un geste qui se veut une forme de reconnaissance de la réalité de leur existence. Et qui place tout le film dans un entredeux presque invisible, comme l'espace et le temps qui se trouvent entre les plans, dans l'émotion.[13]

Penser autrement un projet d'immigration nous invite donc à aller vers ces visages, vers ce que j'ai tenté de préciser autour de la notion

---

12. Chedly Belkhodja et Jean Chabot, *Tableaux d'un voyage imaginaire*, Office National du Film du Canada, 2001.
13. Dialogue entre Chedly Belkhodja et Jean Chabot [http://films.onf.ca/tableaux/dialogue.php].

du lieu à habiter. Il me semble simulant de considérer la manière d'occuper ce lieu, de le percevoir tel un espace qui doit rendre visible l'immigrant, qui doit lui donner une place au-delà du simple fait de sa différence, de sa couleur. Il y a une dimension physique à ce que j'avance, car le territoire se propose à nous tel que dynamique à comprendre et à manipuler. Il y a aussi une dimension politique, citoyenne, qui engage une autre manière de débattre d'un projet de société. L'immigration se joue au jour le jour, dans une multitude d'interactions sociales, et ma préoccupation comme chercheur et citoyen est de savoir comment le migrant s'inscrira dans cet espace. Nous en sommes là. Ici, mais également ailleurs.

BIBLIOGRAPHIE

Abu-Laban, Yasmeen et Christina Gabriel. *Selling Diversity. Immigration, Multiculturalism, Employement Equity, and Globalization*, Peterborough, Broadview Press, 2002.

Ali-Khodja, Mourad. « Pour une science sociale de l'exigüité : bilans et enjeux de la connaissance minoritaire », *Francophonies d'Amérique*, vol. 15, 2003.

Allain, Greg, Isabelle McKee-Allain et Joseph-Yvon Thériault. « La société acadienne : lectures et conjonctures », dans *L'Acadie des Maritimes. Études thématiques des débuts à nos jours*, sous la dir. de Jean Daigle, Moncton, Chaire d'études acadiennes, Université de Moncton, 1993.

Allain, Greg, et Isabelle McKee-Allain. « La société acadienne en l'an 2000 », dans *L'Acadie plurielle. Dynamiques identitaires collectives et développement au sein des réalités acadiennes*, sous la dir. d'André Magord, Maurice Basque et Amélie Giroux, Moncton, Centre d'études acadiennes, Institut d'études acadiennes et québécoises, Université de Poitiers, 2003.

Appadurai, Arjun. *Après le colonialisme. Les conséquences culturelles de la globalisation*, Paris, Payot, 2001.

Armony, Victor. *Le Québec expliqué aux immigrants*, Montréal, VLB Éditeur, 2007.

Aunger, Edmund A. *In Search of Political Stability. A Comparative Study of New Brunswick and Northern Ireland*, Montreal, McGill-Queen's University Press, 1981.

Baccouche, Nasser. « Immigration et émancipation des appartenances communautaires : les nouvelles citoyennetés à la conquête de l'espace public », *Égalité*, vol. 48, 2003.

Badie, Bertand et coll. *Pour un autre regard sur les migrations. Construire une gouvernance mondiale*, Paris, La Découverte, 2008.

Belkhodja, Chedly. « Une rhétorique populiste de droite au sein d'un parti traditionnel : le cas du Parti conservateur au Nouveau-Brunswick (Canada) », *Lexicometrica*, 2004 (www.cavi.univ-paris3.fr/lexicometrica/thema7.htm).

Belkhodja, Chedly. « Les fabricants d'images : la réalité du tourisme dans l'espace atlantique », *Francophonies d'Amérique*, vol. 15, 2003.

Belkhodja, Chedly. « Populism and Community: The Cases of Reform and the Confederation of Regions Party in New Brunswick », *Political Parties, Representation and Electoral Democracy in Canada*, William Cross (dir.), Toronto, Oxford University Press, 2002.

Belkhodja, Chedly. « La dimension populiste derrière l'émergence et le succès électoral du Parti Confederation of Regions (CoR) au Nouveau-Brunswick », *Revue canadienne de science politique,* vol. 32, no. 2, 1999.

Belkhodja, Chedly et Roger J. Ouellette. « Louis J. Robichaud et Frank McKenna: deux axes de l'action du Nouveau-Brunswick au sein de la francophonie », dans *L'ère Louis J. Robichaud*, Actes du colloque, Institut canadien de recherche sur le développement régional, 2001.

Belkhodja, Chedly. « Savoir habiter le lieu de la mémoire. Le cas de l'Acadie » *Entre lieux et mémoire. L'inscription de la francophonie canadienne dans la durée*, sous la dir. de Anne Gilbert, Michel Bock et Joseph-Yvon Thériault. Ottawa, Presses de l'Université d'Ottawa, 2009.

Belliveau, Joël et Frédéric Boily. « Deux révolutions tranquilles ? Transformations politiques et sociales au Québec et au Nouveau-Brunswick (1960-1967) », *Recherches sociographiques*, vol. 46, n° 1, 2005.

Belliveau, Joël. « Fierté acadienne ou confiance acadienne ? À nous d'y voir… », *Égalité*, vol. 52, 2005.

Benasayag, Miguel et Angélique del Rey. *Éloge du conflit*, Paris, La Découverte, 2007.

Biles, John et Meyer Burnstein et Jim Frideres. *Immigration and Integration in Canada in the Twenty-first Century*, Montréal & Kingston, McGill-Queen's University Press, 2008.

Biles, John, Meyer Burstein et Jim Frideres. *Integration and Inclusion of Newcomers and Minorities across Canada*, Montréal, McGill-Queen's University Press, 2011.

Bock-Côté, Mathieu. *La dénationalisation tranquille*, Montréal, Boréal, 2007.

Boudreau, Nicole. « E-cadie », *Port Acadie*, vol. 3, 2002.

Brown, Wendy. *Les murs de séparation et le déclin de la souveraineté étatique*, Paris, Les Prairies ordinaires, 2009.

Buruma, Ian. *Taming the Gods. Religion and Democracy on Three Continents*, Princeton, Princeton University Press, 2010.

Caldwell, Christopher. *Reflections on the Revolution in Europe. Immigration, Islam and the West*, London, Doubleday, 2009.

Cohen, Andrew. *The Unfinished Canadian. The People We Are*, Toronto, McClelland & Stewart, 2007.

Conrad, Margaret et Heather Steel. « Ils vont et ils viennent : quatre siècles d'immigration au Nouveau-Brunswick », dans *Rendez-vous Immigration 2004*, sous la dir. de Hélène Destrempes et Joe Ruggeri, Fredericton/Moncton, Policy Studies Centre / Centre Métropolis atlantique, 2005.

Collectif. *Le chameau dans la neige et autres récits de migrations*, préface de Isabelle Rüf, postface de Spomenka Alvir, Lausanne, Éditions d'en bas, 2007.

Doiron, Micheline. « L'immigration internationale au Nouveau-Brunswick de 1970 à 1988 », *Égalité*, vol. 28, 1990.

Derrida, Jacques et Anne Dufourmantelle. *De l'hospitalité*, Paris, Calmann-Lévy, 1977.

Düvell, Frank. « Migration, Minorities and Marginality : New Directions in Europe Migration Research », dans Chris Rumford (dir.), *The Sage Handbook of European Studies,* London, Sage, 2009.

Éribon, Didier. *Retour à Reims*, Paris, Fayard, 2009.

Fédération des communautés francophones et acadiennes du Canada. *Actes du Sommet des communautés francophones et acadiennes*, novembre 2007.

Fédération des communautés francophones et acadiennes du Canada. *Vive la différence : Guide d'animation*, novembre 2003.

Flynt, David. *Rural Immigrants Who Come to Stay: A case study of recent immigrants to Colchester County, Nova Scotia,* Working Paper Series, Atlantic Metropolis Center, 2006.

Florida, Richard. *The Rise Of The Creative Class: And How It's Transforming Work, Leisure, Community And Everyday Life*, New York, Perseus Book Group, 2002.

Gallant, Nicole et Chedly Belkhodja. « Production d'un discours sur l'immigration et la diversité par les organismes francophones et acadiens au Canada », *Études ethniques canadiennes / Canadian Ethnic Studies*, vol. 37, no. 3, 2005.

Gilroy, Paul. *Postcolonial Melancholia*, New York, Columbia University Press, 2005.

Citoyenneté et immigration Canada. *Cadre stratégique pour favoriser l'immigration au sein des communautés francophones en situation minoritaire*, Gouvernement du Canada, novembre 2003.

Gouvernement du Nouveau-Brunswick. *C'est le temps d'agir. Élaborer la stratégie de croissance démographique du Nouveau-Brunswick*, Secrétariat de la croissance démographique, 2007.

Gouvernement du Nouveau-Brunswick. *Soyez notre avenir. Straté-gie de croissance démographique du Nouveau-Brunswick*, Secréta-riat de la croissance démographique, 2009.

Haenni, Patrick, et Stéphane Lathion (sous la dir.). *Les minarets de la discorde*, Genève, Infolio éditions, 2009.

Harel, Simon. *Espaces en perdition: les lieux précaires de la vie quotidienne*, Québec, Presses de l'Université Laval, 2004.

Hickey, Daniel. *Moncton, 1871-1929: changements socioéconomi-ques dans une ville ferroviaire*, Moncton, Éditions d'Acadie, 1991.

Hoonaard, Will C. van den. *Silent Ethnicity: The Dutch of New Brunswick*, Fredericton, New Ireland Press, 1991.

Ignatieff, Micheal. *Blood and Belonging: Journeys into the New Nationalism,* New York, Penguin, 1994.

Iyer, Pico. *L'Homme global*, Paris, Hoëbeke, 2006.

Jones, R. C. (dir.). *Immigrants Outside Megalopolis: Ethnic Trans-formation in the Heartland*, Laham, MD: Rowman and Littlefield, 2008.

Kaplan, Robert D. *The Coming Anarchy*, New York, Vintage, 2000.

Kasparian, Sylvia. «A New Model for Receiving and Integrating Francophone Immigrants into Minority Communities: Centre d'accueil et d'intégration des immigrants du Moncton métropoli-tain», *Canadian Issues*, 2008.

Kelley, Ninette et Micheal Trebilcock. *The Making of the Mosaic. A History of Canadian Immigration Policy*, Toronto, University of Toronto Press, 2000.

Li, Peter. *Destination Canada. Immigration Debates and Issues*, Toronto, Oxford University Press, 2003.

Maalouf, Amin. *Le dérèglement du monde*, Paris, Grasset, 2009.

Madibbo, Amal. *Minority within a Minority. Black Francophone Immigrants and the Dynamics of Power and Resistance*, New York, Routledge, 2006.

Magord, André, et Chedly Belkhodja. «L'Acadie diasporique», *Francophonies d'Amérique*, vol. 19, 2005.

Manço, Altay (éd.). *Turquie : vers de nouveaux horizons migratoires ?*, Paris, Turin, Budapest, L'Harmattan, 2004.

Meddeb, Abdelwahab. *Printemps de Tunis. La métamorphose de l'Histoire*, Paris, Albin Michel, 2011.

Mulatris, Paulin. «Disqualification professionnelle et expériences temporelles : enquête auprès des immigrants francophones installés en Alberta», *British Journal of Canadian Studies*, no. 23, vol. 1, 2010.

Mullally, Sasha et David Wright. «La Grande Séduction? The Immigration of Foreign-Trained Physicians to Canada, 1954-1976», *Journal of Canadian Studies*, vol. 41, no. 3, 2007.

Muxel, Anne. *Individu et mémoire familliale*, Paris, Nathan, 1996.

Papademetriou, Demetrios G. et Hiroyuki Tanaka. «Attracting Francophone Immigrants to Anglophone Canada: Challenges, Opportunities and Lessons form Europe, Migration Policy Institute», dans *Fostering Francophone Immigration to Ontario*, Caroline Andrew et Meyer Burstein, 2007.

Pâquet, Martin. *Tracer les marges de la cité. Étranger, Immigrant et État au Québec 1627-1981*, Montréal, Boréal, 2005.

Paquot, Thierry et Chris Younès. *Le territoire des philosophes. Lieu et espace dans la pensée au XXe siècle*, Paris, La Découverte, 2009.

Paré, François. *La distance habitée*, Ottawa, Le Nordir, 2003.

Perrons, Diane. *Globalization and Social Change. People and Places in a Devided World*, Londres, Routledge, 2004.

Renaut, Alain. *Un humanisme de la diversité*, Paris, Flammarion, 2009.

Rioux, Jean-Guy. « Le dossier de l'immigration en Acadie », *Rendez-vous Immigration 2004*, sous la dir. de Hélène Destrempes et Joe Ruggeri, Fredericton/Moncton, Policy Studies Centre/Centre Métropolis atlantique, 2005.

Roulleau-Berger, Laurence. *Migrer au féminin*, Paris, Presses universitaires de France, 2010.

Savoie, Donald. *I'm from Bouctouche, Me*, Montréal, McGill-Queen's University Press, 2009

Sayad, Abdelmalek. *La double absence. Des illusions de l'émigré aux souffrances de l'immigré*, Paris, Seuil, 1999.

Schnapper, Dominique. *L'Europe des immigrés. Essai sur les politiques d'immigration,*, Paris, François Bourin, 1992.

See, Scott. *Riots in New Brunswick. Orange Nativism and Social Violence in the 1840s*, Toronto, University of Toronto Press, 1993.

Skeldon, Ronald. « Immigration Futures », *Canadian Diversity*, vol. 6, no. 3, 2008.

Steel, Heather. *Immigration to New Brunswick, 1945-1971 : A Study in Provincial Policy*, Thèse de maitrise, University of New Brunswick, 2004.

Thériault, Joseph-Yvon. « Le moment Robichaud et la politique en Acadie », dans *L'ère Louis J. Robichaud* (Actes du colloque), Institut canadien de recherche sur le développement régional, 2001.

Vatz-Laaroussi, Michèle. « Immigrants et vie associative dans les régions du Québec », dans *La vie associative des migrants : quelles (re)connaissances ? Réponses européennes et canadiennes*, J. Gatugu, S. Amoranitis et A. Manço (éd), Paris, L'Harmattan, 2004.

Vertovec, Steven. « Circular Migration: the way foward in global policy?», Working Paper no 4, International Migration Institute, University of Oxford, 2007.

Vineberg, Robert. « Federal-Provincial Relations in Canadian Immigration », *Canadian Public Administration*, vol. 30, no.2, 1987.

Wihtol de Wenden, Catherine. *La globalisation humaine*, Paris, PUF, 2009.

INDEX

A

Acadie, 11-15, 18, 80, 84, 90-91, 95-97, 105, 111-114, 116-121, 123-127, 129-131, 135, 137, 140-141, 145-151.
accommodements raisonnables, 23-24, 36, 57, 95, 128.
Afrique, 26, 49, 80, 92, 102.
Alberta, 48, 76, 117, 150.
Algérie, 22, 27, 36.
Allemagne, 35-36.
Allemands, 21, 70, 81.
Américains, 37, 69-71, 73, 99.
Amérique latine, 26.
Amérique du Nord, 53, 68, 92.
anglophone, 78-79, 90, 99, 101, 111, 113, 117, 123, 125, 129-130, 150, 155.
Angola, 53.
Asie, 26, 49, 77.
assimilation, 21, 84, 119.
Atlantique (provinces de l'), 49, 65, 104, 146.
attentats, 35-37.
Australie, 30-33, 35, 46, 51, 123.
Autriche, 34.

B

Balkans, 24.
Bangladesh, 25.
Belgique, 34, 46-47.
Bombay, 27.
Brésil, 53.
Budapest, 55.
Burkina Faso, 46-47, 90.
Burundi, 48.

C

Cameroun, 80.
Canada, 18, 30-35, 37, 45, 49-51, 53-57, 59, 62, 65-66, 71, 78-79, 82, 87-89, 92, 97, 100, 104, 111-112, 114, 116, 120, 123-124, 126-127, 129, 135-136, 146-150.
Casablanca, 27.

M

Madrid, 35.

Maghreb, 27, 36, 80, 102.

Magrébin, 17, 33-34, 38, 131, 137.

main-d'œuvre, 28, 31, 52-53, 58, 61, 66, 73-74, 83, 88, 90, 95, 98, 135.

majorité, 35, 67, 76, 99, 107, 111, 122-123, 129-130.

Manço, Altay, 47, 150.

Manitoba, 58, 116-117.

Maroc, 27, 35-36, 46, 80, 90-91, 99, 106.

Marseille, 17.

McCain (multinationale), 83.

McKenna, Frank, 73, 91, 100, 146.

menace, 24-25, 27, 31, 37, 74, 79.

Mexicains, 74.

migrants, 12, 17, 23, 25-29, 38, 40, 46-47, 52, 99, 151.

migration, 23, 28, 41, 46, 65, 70, 77-78, 101, 123, 148, 150-152.

migratoire, 12, 15, 17-18, 22-23, 26-27, 32, 37, 39, 45, 47, 50-52, 65, 78, 87, 92, 100, 115, 135, 150.

minoritaire, 12, 16, 109-132, 139, 145, 148.

minorité, 16, 24, 33, 46, 56, 84, 102, 105, 107, 118, 123-124, 127, 129-130.

mobilité, 22-23, 25-30, 37-40, 45, 47, 50, 74, 78, 87, 97.

Moldaves, 26.

Moncton (ville), 16-17, 45, 47, 59-62, 66, 77, 80, 91-107, 111-112, 122, 125, 129-131, 136-138, 149.

mondialisation, 13, 50, 127.

Montréal, 21, 33-35, 37,45, 54-57, 92-93, 111, 128.

Moyen-Orient, 71.

multiculturalisme, 18, 34, 56, 71, 123, 129, 138.

Murphy, Brian, 100.

musulman(e)(s), 22, 24, 36-37, 93, 95, 138.

N

nation, 13, 31, 123, 126-128.

national, 21, 23, 25-26, 30, 39-40, 54-56, 66, 71, 114, 116, 127, 141.

nationaliste, 25, 34, 111.

Nations Unies (Organisation des), 39.

Néobrunswickois, 68, 72, 76-77, 81, 84, 125.

New Denmark, 70-71.
Norvège, 34.
Nouveau-Brunswick, 11-18, 46-47, 58, 60, 62-84, 90, 97, 101, 111-112, 114, 116, 118-124, 129-131, 135, 141, 146-149.
Nouvelle-Angleterre, 71.
Nouvelle-Écosse, 75, 81, 94, 116-117, 140.
Nouvelle-Zélande, 33.

O
Ontario, 57, 59, 65, 68, 73, 76, 113, 117,123,150.
Ottawa, 58-59, 116.
Ouagadougou, 47.
Ouest canadien, 73, 113.
ouvriers, 22, 47, 52, 101.

P
Pakistan, 26, 32, 90.
Paris, 27, 53, 115.
Parti de la Liberté, 34.
Parti du Progrès, 34.
Pays-Bas, 18, 35, 123.
PCP (Programme des candidats provinciaux), 73, 77-78.
Philippines, 25, 32.
Pologne, 32-33.
Portugal, 26, 52-53.
Prague, 21, 55.
professions, 30, 92, 126.

Q
Qatar, 32.
qualifiés (immigrants, travailleurs, etc.), 11, 26-30, 32-33, 38, 52, 61, 72-74, 76, 88-89, 116, 136.
Québec, 11, 16, 23-24, 30-32, 34, 36, 45-46, 54, 56-58, 65-66, 71, 73, 90, 95, 111, 113, 121, 126-128, 142, 145-146, 150-151.

R
racisme, 17, 61, 94, 100.
recrutement, 18, 21-22, 30-31, 40, 58, 62, 71, 73, 77-78, 80, 87-92, 111, 114-116, 135-136, 141.
Reform Party, 66, 146.

réfugiés, 25, 30, 47, 51, 55-57, 59, 72-73, 79-80, 82.
régionalisation, 18, 45-46, 51-62, 88, 114.
régions, 12-13, 26-27, 41, 45-48, 50-62, 65-66, 71-73, 80-82, 88-89, 116-117, 119-120, 122, 135, 151.
Rendez-vous 2004, 68-69, 119, 151.
résidents permanents, 62, 65, 74, 121.
rétention, 21-22, 51, 75, 90, 111, 114-115, 120.
Robichaud, Louis-J., 58, 67, 71, 73, 119, 126, 146, 151.
Roms, 26.
Roumains, 26-27, 52.
Roumanie, 80.
rural, 58, 69, 71-72, 81-83, 122, 130, 148.
Russie, 26.
Rwanda, 13, 48, 80, 82.

S
Saint-Andrew's, 68-69.
Saint-Jean (Nouveau-Brunswick), 47, 62, 66, 71, 77, 101.
Saint-Jean (Terre-Neuve), 66, 71.
Saint-Léonard, 81-83.
SANB (Société de l'Acadie du Nouveau-Brunswick), 119-120, 130.
Saskatchewan, 54, 117.
Sayad, Abdelmalek, 22, 151.
Schengen, 29.
Sénégal, 46.
Sherbrooke, 45, 47-48, 59.
Singapour, 32.
société d'accueil, 12, 14, 23, 28, 35, 38, 50, 84, 97, 111, 116.
société minoritaire,12, 109, 123-125, 128, 139.
sociologie, 27, 111, 127-128.
Soyez notre avenir, 75, 77, 80, 149.
stratégies, 12, 15-16, 21, 25, 30, 48, 50, 56, 58, 59, 66, 75, 92, 111-113, 116, 135.
Suisse, 18, 23-24, 31-32, 46, 53, 123.
Sydney, 32, 35.
Syriens, 71.

T
Tea Parties, 123.
Terre-Neuve-et-Labrador, 54, 66.

territoire, 12-13, 15, 21-24, 26-27, 37, 40, 45-47, 50-53, 55-56, 58-59, 62, 70, 73, 87, 89, 139, 142-143, 150.
terrorisme, 37.
terroriste, 35.
Thériault, Joseph-Yvon, 12, 119, 126-128, 141, 145-146, 151.
tolérance, 18.
Toronto, 32-33, 36, 45, 53-57, 61-62, 66, 70, 77-78, 114, 117, 127, 146-147, 149, 151.
Tripoli, 27.
Tunis, 18, 27, 29, 47, 150.
Tunisie, 16-18, 27, 29, 46-47, 80, 90-91, 99 122.
Turquie, 24, 47,150.

U
Ukraine, 26.
Ukrainiens, 52-53.
Université de Lisbonne, 53.
Université de Moncton, 12, 16, 47, 62, 80, 87, 90-93, 95-100, 103-104, 106, 124, 137.
Université du Nouveau-Brunswick à Saint-Jean, 47.
Université d'Ottawa, 127, 141, 146.
Université de Sherbrooke, 45.
Université York, 77.
urbain, 16, 21, 35, 46, 53, 55, 61, 66-67, 71-72, 77-79, 81, 83, 90, 102, 117, 130, 137-138.

V
Vancouver, 33, 45, 55-56, 114.
Van den Hoonaard, W.C., 79, 149.
Van Gogh, Théo, 23, 35.
Vatz-Laaroussi, Michèle, 45-46, 151.
Vietnam, 32, 55, 73, 111.
Violences, 28, 35, 55.
Vlaams Blok, 34.

W
Washington D.C., 82, 123.
Winnipeg, 47, 58, 116.

TABLE DES MATIÈRES

www.ingramcontent.com/pod-product-compliance
Lightning Source LLC
Chambersburg PA
CBHW071746270326
41928CB00013B/2814

9 782922 992984